Sur l'auteur

Née au Nigeria, Sarah Ladipo Manyika a vécu au Kenya, en France et en Angleterre avant de s'établir à San Francisco. *Comme une mule qui apporte une glace au soleil*, finaliste du Goldsmith Prize, est son premier roman publié en France.

SARAH LADIPO MANYIKA

COMME UNE MULE QUI APPORTE UNE GLACE AU SOLEIL

Traduit de l'anglais (Nigeria)
par Carole Hanna

10
18

DELCOURT

Titre original :
Like a Mule Bringing
Ice Cream to the Sun

Première publication en Angleterre et au Nigeria
par Cassava Republic Press, 2016.

ISBN 978-2-264-07359-4
Dépôt légal : mai 2019

Pour nous

« Je pense qu'on oublie les choses quand on n'a plus personne à qui les raconter. »

Ritesh Joginder Batra, *The Lunchbox*

1

Je vis dans un vieil immeuble. « Vieux mais solide », notre propriétaire l'affirme. Apparemment, le 500 Belgrave Avenue est si robuste qu'il a résisté au tremblement de terre de 1906. « Pas une seule fissure », dit encore notre propriétaire. De vous à moi, je ne parierais pas là-dessus si l'histoire devait se répéter. C'est pour cette raison que je vis au dernier étage, comme ça, si le bâtiment s'effondre, au moins, ils n'auront pas trop à creuser pour m'en extraire. Bien entendu, je ne souhaite aucun mal à mes voisins, surtout pas au charmant monsieur qui habite juste au-dessous. Bon, en ce qui concerne la voisine acariâtre du rez-de-chaussée, qui s'obstine à m'appeler Mary parce qu'elle trouve Morayo trop dur à prononcer, c'est une autre histoire. Pourtant, à elle non plus, je ne lui souhaite pas de malheur. Je préfère croire que le jour de la grande secousse nous serons tous réunis chez moi, un bon verre de vin à la main, et que nous nous sortirons de ce bazar sans encombre pour pouvoir le raconter. Qui sait ? Quand la terre sera fatiguée de s'agiter et décidera de s'étirer de tout son long, il se pourrait que je sois dans l'escalier. Dans ce cas, il n'y aura d'autres rescapés que mes livres – j'en ai des centaines – pour se tenir compagnie.

Notre immeuble était une maison familiale autrefois ; il abrite maintenant quatre appartements et j'occupe l'un d'entre eux depuis vingt ans. Ce qui doit être un peu contrariant pour ma pauvre propriétaire, car dans cette ville aux loyers contrôlés, elle pourrait exiger d'un nouveau locataire bien plus que ce qu'elle me demande. Non pas que mon appartement soit exceptionnel, loin de là. Il se résume à une petite chambre, une cuisine, un salon et une salle de bains. À San Francisco, c'est la vue qui compte, et la vue que j'ai, oh ça oui, ma vue est *magnifique**[1] !

En se tenant debout devant l'évier de la cuisine, on voit les maisons colorées de Haight-Ashbury. Et au-delà, les forêts d'eucalyptus et de pins du Presidio qui s'étalent jusqu'à la baie où, par temps clair, les eaux scintillent d'un bleu azuréen. Je n'ai donc pas du tout l'intention de déménager. La propriétaire doit se dire qu'elle compense ce qu'elle perd en loyer en disposant d'une personne aussi fiable que moi pour garder un œil vigilant sur son bien. Car je suis comme cet immeuble, je suis vieille. Enfin, vieille selon les standards

1. En français dans le texte, comme les autres termes en italique suivis d'un astérisque. (*Toutes les notes sont de la traductrice.*)

nigérians ; là-bas, j'ai carrément dépassé d'au moins vingt ans l'espérance de vie des femmes. Je vis dans cette maison depuis si longtemps que j'en connais les moindres allées et venues. Pas plus tard que ce matin, j'ai reconnu le facteur avant même qu'il n'ait atteint le troisième étage : Li Wei grimpe toujours les marches deux à deux. Quand il arrive en haut, je l'attends déjà sur le seuil. Je n'ai pas l'habitude d'ouvrir ma porte en robe de chambre, mais avec Li Wei, on se connaît. Et puis, on est dans une ville où les gens sortent en pyjama pour promener leurs chiens ou accompagner leurs enfants à l'école. Je l'accueille donc, dans mon peignoir en soie magenta, pieds nus, en frottant le dessus de mes orteils, ceux qui ont des bagues, contre le sisal rêche de mon paillasson « Bienvenue ».

« Bonjour, professeur Morayo. Beaucoup de courrier pour vous aujourd'hui », déclare Li Wei en me tendant une pile nette d'un geste si délicat qu'on dirait un samouraï s'inclinant devant son impératrice, paumes tendues, la tête légèrement baissée. « La boîte était pleine », ajoute-t-il d'un air surpris. Alors je souris et il sourit aussi, car nous savons tous les deux qu'il n'y a rien d'étonnant à ce que ma boîte aux lettres soit pleine. Je n'y touche pas ces temps-ci parce que j'aime bien quand Li Wei passe me voir. On aime bien bavarder jusqu'à ce qu'il soit temps pour lui de retourner travailler. Il me salue en tapotant sa casquette de facteur pour me souhaiter une bonne journée. Par respect pour sa gentillesse, après son départ je passe toujours quelques minutes à trier mon courrier. Les messages du parti, les lettres d'Amnesty, du Sierra Club. Parfois, quand une carte postale pittoresque ou une enveloppe manuscrite glisse de la pile, j'imagine, toute joyeuse, qu'un ami me l'a envoyée, même si je sais qu'en général il s'agit juste d'une publicité déguisée. Qu'est-il arrivé à tous ces amis qui écrivaient des lettres ou des cartes ? Maintenant les gens vous expédient vite fait des mails ou pas de message du tout. Et puis, bien sûr, tant de mes amis sont morts. Je feuillette, sans enthousiasme, les revues *Granta* et *CAR*, puis je vais me préparer une tasse de thé dans laquelle je trempe un biscuit au gingembre. Oui, je sais, je procrastine et, si je ne fais pas attention, je risque d'être en retard sur mes factures. On ne vous accorde plus beaucoup de délais pour payer de nos jours, même si cela ne me perturbe pas plus que ça. Il fut un temps où j'étais ponctuelle, extraordinairement ponctuelle. Aujourd'hui, je me dis que la vie est trop courte pour s'embêter avec ce genre de détails. Et puis mon zèle, jamais vraiment perdu, reprend le dessus et je m'occupe du courrier.

Tiens, une lettre du SVA, le Service des véhicules automobiles, accompagnée de formulaires. J'y jette un coup d'œil, en cochant mentalement les cases non, non et non aux éventuels antécédents d'hypertension, de crise cardiaque, de diabète. Je suppose que c'est un courrier de routine. Mais, minute, c'est bientôt mon anniversaire ; ce doit être ça. Pourquoi, à partir d'un certain âge, chaque rappel de votre anniversaire doit-il se teinter de mélancolie ? En relisant la lettre, je m'aperçois que la date limite pour la réponse était la semaine dernière. Zut ! Je ferais mieux de téléphoner. Je compose le numéro et coince le combiné entre mon épaule et mon oreille tout en dénouant mes nattes. Je noue parfois mes cheveux avant de me coucher pour éviter qu'ils ne s'emmêlent. Cela ne m'ennuie pas d'attendre, mais le message enregistré me propose d'être rappelée sans perdre ma place dans la file d'attente. Quelle courtoisie ! Je laisse mon nom, mon numéro de téléphone puis, les mains enfin libres, je défais ma dernière tresse tout en me demandant comment je vais m'habiller aujourd'hui.

Une pile de tissus colorés m'attend dans mon armoire. Je m'en suis offert certains, d'autres sont des cadeaux d'amis. Ces temps-ci, j'ai bien plus envie de porter des tenues africaines qu'avant, surtout quand il fait beau. Je choisis une nouvelle jupe ankara d'un rose et d'un bleu vibrants. Je la presse contre mon nez. En ouvrant ses plis, je respire les odeurs du marché de Lagos, encore enfouies dans le coton, gaz d'échappement, huile de palme chaude, feu de bois. Elles évoquent la mégalopole flamboyante et folle où je vivais autrefois avec mon mari entre deux postes diplomatiques à l'étranger. C'était un lieu de fêtes et d'embouteillages, la ville de mon époux et de sa nombreuse famille, mes neveux, nièces et filleuls. J'ai souvent songé à retourner à Lagos, parfois je rêve même que j'ai déjà déménagé dans cette grande capitale insensée où tout le monde m'appelle « Tantine » ou « Mama », une terre de soleil permanent et de théâtre quotidien. Je repense à certains cousins en me demandant ce que cela me ferait de les retrouver, de vivre près d'eux. J'ai même envisagé de m'installer à côté de chez César, non pas qu'il me manque particulièrement, mais nous partageons des souvenirs concernant des personnes et des lieux qui ne disent plus grand-chose à quiconque aujourd'hui. S'il m'arrive de chercher sur Internet dans le quartier d'Ikoyi, je sais qu'il y a peu de chances que je me sente bien dans une ville aussi surpeuplée. Je n'ai pas oublié les inondations à la saison des pluies, les coupures de courant, la circulation anarchique, la pénurie de librairies, de cafés et de musées. Au fond de moi, je sais que mon désir de retourner à Lagos relève plus de la nostalgie que d'une véritable envie. L'époque où j'étais capable d'affronter les tracas quotidiens de la vie à Lagos est révolue. De toute façon, c'est Jos, ma ville natale, que j'aimerais vraiment retrouver. Mais c'est encore moins envisageable. Jos était autrefois un havre de paix et de fraîcheur avec son climat de plateau, et non cette ville anxiogène où règne la peur permanente d'actes de violence gratuits. Maintenant que mes parents ne sont plus, que mes amis d'enfance ont déménagé ou sont morts, tout ce qui me reste, en fait, ce sont les souvenirs.

Je soupire, repose le tissu puis en choisis un autre, un vert et doré qui sent la lessive bio à la lavande. Je place le pagne autour de ma taille en gardant les jambes écartées, de la largeur des hanches, pour qu'il ne soit pas trop serré, puis je l'enroule d'un côté et de l'autre avant de l'attacher sur le côté par un nœud solide. J'opte pour un tissu jaune qui tranche bien, l'entortille autour de mes cheveux avant d'inspecter ma tenue dans la glace de la salle de bains, en aplatissant un peu le haut de ma coupe afro. Satisfaite, j'applique du gloss rose sur mes lèvres que je tamponne avec un mouchoir. Je retire mes lunettes, donne deux petits coups sur mes sourcils, vers les tempes, à l'aide d'une brosse à dents pour bébé que je garde à cet effet. J'ai lu quelque part que cela attirait l'attention sur les yeux. Les yeux, dit l'apôtre Matthieu, sont la lumière du corps[1]. Et si ce que j'ai lu récemment est vrai, les yeux sont la seule chose qui ne vieillit pas, alors il faut en tirer parti. Je nettoie les verres sales de mes lunettes avec de l'eau chaude savonneuse en les tenant par la monture, comme on m'a appris à le faire dans mon enfance.

Je ne sais plus à quel âge j'ai commencé à porter des lunettes, j'ai l'impression que cela fait une éternité, mais je me souviens bien du Eye Hospital de Kano et du long trajet depuis Jos, sur les routes poussiéreuses, secoué de cahots. Le rendez-vous, toujours programmé pour le lendemain, occupait à lui seul une journée entière. On attendait sur les bancs en bois à l'extérieur avant de s'asseoir dans le grand fauteuil de l'ophtalmologiste qui aimait prendre son temps pour choisir

1. Évangile selon saint Matthieu 6, 22 : « La lampe du corps, c'est l'œil ».

les verres cerclés d'argent, rangés dans les tiroirs comme des biscuits dans une boîte en étain. Je m'amusais à l'imaginer hésitant entre des sablés et des langues-de-chat au gingembre, puis il glissait les lentilles très fines dans l'appareil encombrant placé sur mon nez. « C'est mieux ou moins bien ? » demandait-il. Parfois, c'était mieux, d'autres fois, pire. Une chose ne changeait pas : son haleine sucrée qui sentait la mangue. Si bien que j'avais fini par croire qu'il était pauvre. Les mangues étaient gratuites au Nigeria, on les cueillait sur les arbres ; mon père payait même quelqu'un pendant la saison pour les ramasser avant qu'elles ne tombent et ne pourrissent. Je me suis demandé si le médecin ne souffrait pas plutôt de diabète. Une haleine sucrée n'est-elle pas le signe de cette maladie ? Ou alors il aimait tout simplement les mangues. Lorsqu'il examinait mes pupilles sous la lumière d'un jaune brutal, j'étais incapable d'obéir à ses instructions. Plutôt que de fixer son nez couvert de taches de rousseur, je préférais observer le reflet de mes yeux dans son œil, brillants et beaux comme des gouttes de confiture de fraises. C'était un mystère pour moi que ma vue soit si bonne de près et si mauvaise de loin… Ah, le téléphone sonne !

« Oui, que puis-je pour vous ? dis-je en souriant parce que la voix à l'autre bout du fil me semble familière. Sunil ? » J'essaye de replacer le nom.

« Oui, madame, ici le SVA. Je vous recontacte comme vous l'avez demandé.

— Le SVA… Le SVA, dites-vous ? Oui, oui, bien sûr ! »

Ça me revient, mais j'ai oublié l'excuse que je voulais présenter, alors je lui demande simplement de prolonger le délai de réponse.

« Je dois vérifier avec mon responsable, m'dame, me répond-il. Je vais vous demander de patienter quelques instants.

— Pas de souci. »

Je souris en me représentant le jeune homme assis dans un centre d'appels quelque part en Inde, sa gamelle métallique garnie de *parathas* aux pommes de terre et de cornichons, posée à côté de lui. J'écoute la douce musique jazz qui le remplace et je me joue la conversation que nous aurons à son retour. Il sera sacrément surpris quand je lui dirai que j'ai vécu autrefois dans son pays, que mes amis du marché aux épices me manquent beaucoup. Je lui dirai que je conserve toujours de la cardamome et du cumin dans le placard de ma cuisine pour me rappeler cette époque. Je pourrais même lui raconter où j'ai acheté mes bagues d'orteil et mes rideaux de soie qui viennent aussi de Bombay, Mumbai. Et qu'il y a une minute à peine, en nouant mon pagne, je me disais comme c'est simple, un nœud suffit, alors qu'il faut tous ces plis pour un sari. J'ai toujours été nulle avec les saris.

« M'dame ?

— Oui.

— Alors, c'est tout à fait possible, m'dame, je peux ajouter une semaine de plus.

— C'est merveilleux ! Merci, fais-je, soulagée. Mais dites-moi, monsieur, d'où m'appelez-vous aujourd'hui ? Vous avez beau temps ? Il fait chaud ?

— M'dame, je vous appelle de Sacramento. Oui, m'dame, je dois dire qu'il fait assez beau.

— Oh ! »

Je suis dépitée. Sacramento est une ville tellement décevante. Elle manque totalement de cachet. Ni collines ni montagnes. Plate comme une assiette. Quel dommage qu'il n'appelle pas d'Inde. Et moi qui étais prête à échanger quelques salutations en hindi. Dieu merci, je ne me suis pas ridiculisée. Pourtant sa voix a un accent familier. Je me demande si ce n'est pas un de mes anciens étudiants. Ils me manquent tant. Mais si c'était le cas, il aurait reconnu ma voix ou mon nom ?

« Bien, m'dame, juste pour confirmer, votre médecin a maintenant jusqu'au 12.

— Mon médecin ?

— Il doit nous envoyer le certificat médical, m'dame.

— Quel certificat ? »

Je jette un coup d'œil à la lettre où je lis que les formulaires doivent être remplis par un médecin. En les feuilletant, je découvre que, en plus du test d'aptitude physique et mentale, je dois aussi subir un examen de la vue.

« Dites-moi… Comment vous appelez-vous, déjà ? Sanjay ? Le SVA envoie souvent ce genre de courrier ?

— C'est Sunil. »

Je détecte une note d'impatience dans sa voix, cependant je ne vois pas ce qui peut l'ennuyer.

« En fait, nous, nous ne le faisons pas, m'dame. Je veux dire que cela vient du bureau central. Tout ce que je sais, donc, c'est que cela arrive si on vous a dénoncée comme ayant, disons, une conduite imprudente ou dangereuse, vous voyez.

— Imprudente ? »

C'est sa syntaxe qui mériterait ce qualificatif, pas ma conduite.

« Je suis sûre qu'il m'est arrivé de me garer un peu trop loin du trottoir et parfois trop près du trottoir ou de la “bordure”, comme vous dites, mais ce sont des petites erreurs, n'est-ce pas ? »

Je m'interromps en espérant qu'il pouffe de rire. Raté, je continue sans me décourager :

« Je suppose qu'une fois ou deux ma voiture a dû caler en montant une colline, mais bon, je vis à San Francisco, je vous rappelle. Vous comprenez, j'ai une voiture à boîte manuelle, un véhicule ancien, en fait, c'est même une voiture de collection. »

Inutile de me fatiguer, je suis certaine qu'il ignore ce qu'est une Porsche 911, sans parler de ma 993. Il est probablement du genre à rêver d'une Lexus avec des enjoliveurs cerclés d'or.

« Oui, m'dame. Vous avez d'autres questions, m'dame ?

— Non, mon petit », je marmonne. Puis je répète « Non », ennuyée d'avoir employé ce terme affectueux que je m'étais pourtant juré de ne jamais prononcer. J'avais remarqué à quel point cela vieillissait une amie, bien plus que ses premiers cheveux blancs ou ses veines variqueuses dont elle aimait tant se plaindre. Appeler un jeune homme « mon petit » ou « mon chou » vous file aussi sec un coup de vieux, et c'est pourtant ce que je venais de faire, sans même y penser. « *Chouchouter* », je murmure en français, parce que je ne trouve pas d'équivalent en anglais. Il me faut un moment pour comprendre, au bourdonnement monotone de la ligne, que mon jeune chou américain a raccroché. « Merde ! Enfoiré ! » Je suis surprise par la grossièreté de mon langage. Ce n'est pas aussi grave que toute la saccharine que je lui ai servie avant, mais quand même, mon père serait horrifié s'il m'entendait. J'agite la lettre vers le ciel pour m'excuser avant de la replier et de la poser sur mon bureau.

« Je ne suis pas imprudente, dis-je en m'adressant à mes amis sur les étagères. Celui qui m'a salement dénoncée devrait avoir honte de lui. »

Mon nouvel ophtalmo m'a annoncé qu'il ne pouvait rien faire pour arrêter la lente dégradation de ma vue. Comme j'ai passé mon dernier test de conduite sans que personne remarque que je devais plisser les yeux ou me pencher en avant pour déchiffrer les lettres au tableau, j'avais parié que ça irait, je comptais avoir encore au moins cinq années de conduite devant moi. « *Au moins* cinq », je répète d'un ton ferme en décidant de m'occuper plus tard de la lettre et d'aller me promener avant que le brouillard ne pointe son nez. Pas la peine de me mettre dans tous mes états pour ça. J'attrape mes clés, je ferme la porte et prends l'escalier jusqu'au rez-de-chaussée. En sortant, je jette un coup d'œil contrit à « Poussin », ma vieille Porsche adorée qui est garée, je l'avoue, à un peu plus de quarante-cinq centimètres du trottoir. Oh, et puis zut !

2

Dawud, gêné de ne pas connaître le nom de sa cliente alors qu'elle se souvient du sien et parle même un peu sa langue, lui offre une fleur.

« *As salaam alaikum*, une jolie fleur pour une jolie femme, dit-il en anticipant le plaisir que ses mots susciteront.

— *Bellissimo* », sourit-elle en coinçant avec coquetterie la fleur au-dessus de son oreille.

Il glousse. Elle avait dû être superbe, avant, cette femme. Grande, et avec un joli cul encore aujourd'hui. Sûrement très élégante aussi, même si là, à son âge, avec tous ces tissus bariolés, son crayon et ses fleurs dans les cheveux, elle avait juste l'air bizarre. Quand elle achetait quelque chose, ce qui n'arrivait pas souvent parce qu'elle était de celles qui préféraient le magasin bio en bas de la rue, c'était toujours les fleurs les moins chères ou un petit paquet d'abricots. Franchement, il ne pigeait pas. Si elle pouvait se payer ces trucs coûteux en bas de la rue, pourquoi ne lui prenait-elle pas aussi ses fleurs les plus rares ? Amirah disait qu'elle était excentrique, c'est tout, mais sa sœur était trop gentille. Elle ne disait jamais du mal de personne, c'est pour ça qu'il devait s'occuper de l'épicerie familiale, et c'était vraiment un casse-tête si près de Haight-Ashbury, avec tous ces hippies et ces feignasses de fumeurs de pétards.

« Hé ! dit-il à une cliente qui vient d'entrer. Je peux vous aider ? »

C'est plus un avertissement qu'une question, parce qu'il a entendu dire à la salle de gym en bas de la rue qu'un couple asiatique traîne dans le coin et vole des téléphones portables. L'un détourne l'attention pendant que l'autre pique la marchandise.

« Un dollar soixante-dix-neuf », annonce-t-il en scannant la tablette de chocolat, un œil sur la caisse et l'autre sur la suspecte.

Mais elle prend la monnaie et la jette, jusqu'au dernier cent, dans la boîte destinée aux orphelins palestiniens.

« Merci, ma jolie », dit-il en souriant.

Bon, il l'a mal jugée, et alors ? Peut-être qu'elle n'a rien volé parce qu'elle a vu qu'il la surveillait. Elle s'est sûrement dit que trois dollars et vingt et un cents, c'était un bon investissement, comme ça, la prochaine fois, il ne ferait même pas attention à elle. Mais il n'est pas si bête. Pas lui. Un homme qu'on a arraché à Jaffa, qu'on a forcé à traverser le désert à pied avec les siens, vous voudriez qu'il soit naïf à ce point ? Impossible. Vous ne pouvez pas carotter un homme comme lui. Il connaît la vie, il sait comment sont les gens, c'est pour ça que sa sœur ferait mieux de l'écouter quand il lui dit qu'ils devraient ouvrir une chaîne de falafels. Il sait ces choses. Il les sent. Ils pourraient réussir ici, dans ce quartier, exactement comme les Français à Russian Hill avec leurs restaurants, les Mexicains à Mission ou les Italiens un peu partout dans la ville. Pourquoi pas un restaurant palestinien ? Ils pourraient l'appeler « Jaffa » ou « Falafel Meister », ou ce qui plairait à Amirah. Ce serait abordable, bon, sain, bio, même. Sans graisses, végétarien, cru, paléo, tout, ils pourraient tout faire : bon marché, simple et frais. Une fois qu'ils auraient réussi à San Francisco, ce serait Oakland, puis Los Angeles, et New York. Et partout ! Mais non, qu'est-ce qu'Amirah préférait : des gâteaux ! Bon sang, qui pourrait bien vouloir acheter des gâteaux dans ce quartier ? Des gâteaux chers, en plus ! Bon marché, à la rigueur, sinon c'était hors de question. Pourquoi ? Parce que les femmes dans ce pays étaient constamment au régime et que les hommes, les vrais, ici comme ailleurs, ne mangeaient pas de gâteaux. Des falafels oui, mais pas des gâteaux. Bon, va pour les gâteaux d'anniversaire pour les enfants. Et encore, réfléchis bien, Amirah. Un gosse réclamera un gâteau en forme de train, un autre en forme de clown, une autre fera une comédie pour avoir sa ballerine. Et qui va préparer ce type de gâteaux ? Pas Amirah. Sa sœur rêvait de pâtisseries chics avec du miel et des pistaches comme à la maison. Le problème, c'est que les Américains n'aimaient pas ce genre de sucreries. Trop de noix, ne cessait-il de lui rappeler. Peu importe qu'ils aient inventé le beurre de cacahuètes, les Américains avaient un problème avec les noix, et à Dieu ne plaise qu'un jour un enfant décide d'avoir une réaction allergique à un des gâteaux d'Amirah ! Parce que là, ce serait la fin de leur business, c'était sûr. Il secoue la tête et pousse un soupir tout en retournant à son seau de fleurs devant lequel l'Africaine se tient encore.

« Pour toi, ma jolie », dit-il en lui tendant un second lilas.

La fleur de Dawud, quand je l'ai approchée de mon nez, sentait surtout sa lotion après-rasage ; elle m'a rappelé Walid. Au début des années 1950, avant qu'on m'envoie dans un pensionnat en Angleterre, nous avions pour voisins une famille libanaise. Aucun de leurs enfants ne fréquentait la paroisse de mon père, mais certains allaient à l'école confessionnelle. Dont Walid. Il avait des yeux d'un vert éclatant, un peu comme Dawud, et chaque fois que c'était son tour de lire les prières du matin, il le faisait avec brio, choisissant toujours des versets du Cantique des cantiques. Évidemment, j'étais amoureuse de lui. Cela tombait bien, comme il vivait juste à côté, nous pouvions nous retrouver après les cours sans que mes parents le sachent. Un jour, je l'ai suivi chez lui, jusque dans la pièce réservée aux hommes. Il y avait des banquettes basses et des tentures lourdes sur les murs. Les hommes plus âgés nous observaient derrière un nuage de fumée. Ils se demandaient sans doute, comme moi plus tard, comment une jeune fille africaine, acoquinée à l'un de leurs jeunes fils pubères, s'était retrouvée parmi eux, à écouter leurs conversations mélodieuses en arabe, dans une odeur forte d'eau de Cologne et de tabac mêlés. Peut-être s'en fichaient-ils ou tenaient-ils pour acquis que l'un d'eux jetterait sa gourme avec une fille noire… En tout cas, pour en revenir à Dawud, il doit comprendre que, malgré ses belles paroles et son parfum agréable, il faut bien plus que des lilas fatigués pour m'impressionner. Même si je sais, évidemment, qu'il ne cherche pas vraiment à m'impressionner. Il veut juste se rendre aimable envers une vieille dame. Pourtant, s'il m'avait connue plus jeune, ou même à la cinquantaine, les choses auraient été différentes. À l'époque, il lui aurait fallu se donner beaucoup de mal pour attirer mon attention.

« Vraiment, je vous rappelle quelqu'un ? »

Dawud sourit. Il aime bien les Nigérians. Il joue au foot avec trois d'entre eux le dimanche après-midi, à Oakland. Mais Morayo a déjà filé. « Vous savez, c'est bientôt mon anniversaire », l'entend-il dire à sa sœur. Il lève les yeux au ciel. Il pourrait jurer que cette femme fête son anniversaire tous les six mois.

« Vous me direz ce que vous voulez, entend-il Amirah proposer. Je vous ferai un gâteau, vous choisirez celui que vous préférez, ma chère. »

« Celui que vous préférez », marmonne Dawud en secouant la tête.

Il n'en revient pas de la naïveté de sa sœur. Il pousse un soupir tandis que la femme aux anniversaires se dirige vers le seau des tulipes à tige courte. Ce ne sont pas ses fleurs les moins chères aujourd'hui, mais pas les plus chères non plus. Elle se penche pour les sentir ; il la connaît assez pour deviner ce qu'elle trafique vraiment : elle les inspecte, elle en veut pour son argent. Mais elle le surprend en choisissant deux bouquets au lieu d'un, un mauve et un rose. Elle secoue l'excédent d'eau, les présente à Amirah et paye.

« Elles sont bio ! » crie-t-il dans son dos.

Il lui fait un clin d'œil quand elle se retourne pour lui répondre sur le même ton : « *Choukran.* »

3

Je reprends ma promenade sur Stanyan Street, intriguée par les derniers mots de Dawud. Son air jovial ne me trompe pas, je sais qu'il a eu la vie dure. Il est divorcé, il souffre de douleurs dans le dos, et Amirah m'a raconté que sa mère l'avait fait sortir de Ramallah pour des raisons politiques. Je l'imagine en adolescent rebelle, jetant des pierres sur les soldats israéliens : rien de plus grave, car autrement on ne lui aurait pas accordé l'asile en Amérique, je suppose.

« Vous avez une allure fabuleuse ! me lance un inconnu, m'arrachant à mes pensées.

— Et vous donc ! » dis-je avec un sourire en remarquant ses ongles au vernis citron vert.

C'est une des choses que j'adore dans cette ville, cette attention aux détails de la part des messieurs de San Francisco. Grâce à ce type d'hommes, ceux qui ne sont pas attirés par les femmes, je la trouve plus douce à vivre que bien d'autres. Sans compter que tout le monde ici, sans distinction de genre, semble admirer mon style. Alors que, si j'étais à

Londres ou dans certains quartiers de New York où frères et sœurs sont légion, je sais que personne ne se retournerait sur moi, pas à l'âge que j'ai du moins. Pas plus qu'au Nigeria où tant de femmes s'habillent comme moi. Je n'y attirerais aucun regard. Je chéris donc cette ville avec son soleil vif du matin, son ciel d'un bleu éblouissant. J'aime la façon dont le brouillard s'insinue en fin de journée, trébuchant sur la forêt de Sutro, pour recouvrir mon quartier d'une fine brume blanche. Mais c'est surtout grâce à ses habitants, souvent bizarres, mais toujours cordiaux, que je m'y sens chez moi. Tiens, j'entends le vrombissement d'une voiture qui ressemble à la mienne et… me ramène au courrier du SVA. Que diable vais-je faire si je ne réussis pas l'examen de vue ? Cette question m'a déjà tarabustée et, jusqu'ici, j'avais toujours réussi à me convaincre de ne pas m'en faire. Je tourne au coin de Parnassus pour reprendre mon souffle un instant à l'arrêt de bus. Je m'assois sur le bord du siège en plastique rouge, les tulipes serrées contre ma poitrine, et je soupèse mes options : transports en commun ou chauffeur. Ce sont vraiment les seules ? Les transports en commun ici ne sont pas aussi pratiques qu'à Londres et, si j'ai déjà eu des chauffeurs par le passé, c'était dans un contexte et un pays différents. Un chauffeur à San Francisco me coûterait les yeux de la tête. Et de toute façon, je veux être indépendante, pouvoir partir quand j'en ai envie. Pas simplement me rendre d'un point A à un point B, j'entends être libre de le faire quand je le veux.

J'ai dû parcourir plusieurs blocs avant de remarquer le SDF devant moi. Alors qu'il avance d'un pas si découragé, je me reproche mon égoïsme et mes petites angoisses de permis. Je recule d'un pas et regarde passer le chien qui trottine derrière lui en traînant sa laisse. Cela me rappelle l'été à Lagos où un prédicateur américain qui venait de débarquer au Nigeria se baladait partout en portant une croix sur son dos. Cette année-là, quelque temps après notre mariage, César était entre deux postes, Delhi et Paris, et j'avais découvert qu'il avait une autre épouse. Le choc avait été si violent que j'avais envisagé de le quitter le jour même, d'emporter ma propre croix et de suivre le prédicateur. Je regarde fixement le jean troué et couvert de boue du SDF.

Sur son sac à dos, des tas de courroies et d'étiquettes claquent furieusement au vent. Quand le chiot s'accroupit, je les dépasse, discrète, en faisant un écart par crainte des poux ou d'un soudain accès de violence. Contrairement à ce que je pensais, il ne sent pas mauvais. Je jette un petit coup d'œil derrière moi et m'aperçois que le SDF est en réalité une femme, bien trop jeune pour porter un tel fardeau. Dix-sept ou dix-huit ans à en juger par la minceur de ses bras. Sauf que, en découvrant ses yeux saphir, son regard déterminé, je n'en suis plus si sûre. Elle pourrait avoir dans les trente, voire quarante ans. Elle plonge la main dans une poubelle, en sort un journal, en arrache une page et retourne à l'endroit où le chiot s'est arrêté. Elle ramasse les petites crottes puis les jette dans la poubelle.

« Allez, viens, idiot », marmonne-t-elle.

« Tout va bien, mon chou ?

— Ouais », dit-elle avant de tourner sur Frederick Street et de crier « Sale con ! » à un jeune homme qui arrive, un skate sous le bras.

Une flopée d'injures s'abat sur le pauvre garçon parce qu'il l'a laissée seule avec le sac à dos et le chiot. Surprise, mais fascinée, je me dis que j'aurais aimé avoir le tempérament de cette fille dans ma jeunesse. C'est ce que je déclare au type qui s'est arrêté pour me laisser traverser au passage piéton : « Vous l'avez entendue, cette gamine ? Ça, c'est ce que j'appelle une dure à cuire ! » Sans me répondre, le conducteur me fait signe d'avancer. Mais en levant les yeux, je remarque le ciel tacheté de bleu et de blanc, façon *stracciatella*. « Pense aux oiseaux dans le ciel, me disait toujours mon père. Ils ne sèment rien, ils ne récoltent rien, pourtant ton père céleste les nourrit. » C'est vrai, après tout, pourquoi s'inquiéter pour un permis de conduire ?

« Alors, ma petite dame, vous allez traverser, oui ou merde ! » me crie le type dans sa voiture.

La boulangerie de Cole Street est ma préférée ; j'adore son pain aux noix et son *pain aux raisins**. Ni trop collant ni trop sucré, il est presque aussi bon que ceux que nous achetions en France, quand nous vivions *rue de** je ne sais plus quoi, dans le 15e *arrondissement**. Je n'y viens pas seulement pour ses délicieuses viennoiseries, mais aussi pour les conversations entre amis. C'est ici, par exemple, que je retrouve Alonzo et Mike qui se garent toujours devant la bouche d'incendie alors que c'est interdit. Ensuite, ils entrent en roulant des mécaniques, les mains sur les hanches comme dans les films, matraque, menottes et arme suspendues à leur ceinturon. Puis ils rangent leur talkie-walkie sans l'éteindre dans la poche poitrine de leur blouson le temps de discuter avec les clients du café. Je dis Alonzo et Mike parce qu'ils travaillent en binôme, mais c'est avec Mike que j'ai le plus d'affinités. Il écrit un roman, vous comprenez, alors on parle littérature. Quand il aura terminé son premier jet, je lui ai promis que je le lirai et lui donnerai mon avis. Il m'a aidée, quel ange, il y a des années de cela, à annuler une amende pour une prétendue infraction au code de la route.

L'incident s'était produit en fin de mois, le moment, pour ceux qui connaissent San Francisco, où la municipalité cherche à faire rentrer un peu d'argent dans les caisses. Ce qui pourrait expliquer pourquoi le flic qui m'a arrêtée s'était caché pour pincer tous ceux qui commettraient une infraction. Je croyais avoir marqué l'arrêt au carrefour, mais je n'avais pas discuté. J'étais nettement moins peureuse que dans ma jeunesse, mais pas assez idiote pour provoquer la colère d'un policier qui m'avait demandé plusieurs fois si j'étais bien la propriétaire de cette voiture de sport. Je voyais bien qu'il était suspicieux, et j'étais restée sagement assise au volant pendant qu'il rédigeait sa contravention. Quelques jours plus tard, en croisant Mike, je lui avais raconté l'incident. « Je m'en occupe », avait-il déclaré. Et il avait tenu parole. Au début, j'avais jubilé. C'était comme être de nouveau au Nigeria où, grâce à mes relations, je pouvais passer entre les mailles du filet. Les parents de Mike étaient originaires d'Italie, et j'ai toujours pensé que les Italiens et les Nigérians avaient beaucoup de points communs. Non pas que j'approuve la corruption mais, dans ce cas précis où je n'avais rien fait de mal, je me sentais dans mon droit. Pourtant, le mois suivant, quand je m'étais rendue au tribunal pour y entendre que mon affaire était classée, au lieu de m'en féliciter, j'avais eu honte. Honte devant tous ces jeunes Noirs qui attendaient leur tour. Certains s'étaient levés pour m'aider à grimper les marches. Ils m'avaient même cédé leur place dans la queue pour récupérer mes papiers. Ils m'avaient réservé un traitement de faveur comme ils l'auraient fait pour leur mère ou leur grand-mère, et je ne le méritais pas. J'avais bénéficié d'un *piston** pour me tirer d'affaire, ils ne possédaient pas le même capital social. Contrairement à moi, ils ne disposaient ni des moyens ni du réseau pour faire sauter leurs contraventions. Beaucoup, je le voyais bien, étaient déjà tombés dans le piège du système et n'en sortiraient jamais.

Mike n'est pas là aujourd'hui, mais il y a ce type, un Blanc, qui arbore toujours des turbans sikhs et des créoles argentées, avec l'un de ses stupides oiseaux perché sur son épaule. Pardon, mais il faut comprendre que, en bonne Nigériane, je ne peux pas tolérer ce genre de comportement.

Si le Galahad de Selvon[1] avait été dans le coin, je parie qu'il aurait bouffé tous ces oiseaux pour son quatre-heures. C'est déjà assez pénible comme ça de voir des pigeons entrer dans le café en se dandinant comme s'ils étaient chez eux sans que ces fichus amateurs d'oiseaux ne lèvent le petit doigt pour les chasser, même quand ils s'incrustent, d'un pas pressé, le cou levé, en secouant leur petite tête arrogante au rythme d'un hip-hop. Alors vous pensez, ce type qui débarque avec un oiseau sur l'épaule ou l'avant-bras, ça, vraiment, je ne supporte pas. Aucun Nigérian ne le supporterait. Aucun Italien non plus, d'ailleurs.

Je suis venue bavarder avec ma nouvelle amie, la caissière, mais comme elle n'est pas là, j'achète du pain et je m'attarde un peu au cas où une connaissance débarquerait. Personne, alors je m'en vais. J'espérais l'inviter à mon anniversaire parce que je ne trouve pas très amusantes les soirées où tout le monde a le même âge. Je ne peux pas recevoir que des vieux, sans compter que, chronologie mise à part, je ne me sens pas vieille. Enfin, c'était le cas jusqu'à ce que je remarque cette raréfaction des jeunes. Et la situation s'est aggravée depuis que j'ai cessé d'enseigner. C'est un des problèmes de San Francisco. Il est plus dur de s'y faire des amis jeunes qu'à Lagos ou à Delhi. Ici, les gens ont tendance à se regrouper par âge. Même si je sais

1. Personnage du livre de Sam Selvon, *The Lonely Londoners*, 1956. « Sir Galahad » est le surnom de Henry Oliver, jeune immigré récemment arrivé de Trinidad.

que mon amie Sunshine viendra, une seule jeune, ce n'est pas assez. J'espérais aussi offrir les tulipes à la caissière ; maintenant je suppose que je vais devoir garder les deux bouquets. Je regarde autour de moi en pensant à la jeune SDF puis, pendant un instant, à Mrs. Dalloway et à ses delphiniums. Elle avait choisi des fleurs rigides et imposantes pour sa fête, tandis que j'ai préféré ces tulipes qui se cambrent, se courbent et continuent à pousser après avoir été coupées. C'est tout à fait adapté, je dirais, pour une journée qui a commencé avec le SVA et tout le tralala.

Je remonte Cole Street vers la maison, je salue en chemin Mme Wong qui vit au croisement d'Alma et de Cole. À cette époque de l'année, la vieille Mme Wong, chaussée de pantoufles et vêtue d'une robe de chambre rose, passe le plus clair de ses journées à balayer les feuilles mortes. Toutes les deux ou trois minutes, le vent les soulève de nouveau par paquets et en chipe d'autres sur les arbres. L'accoutrement de Mme Wong est affligeant. Le dos courbé dans son peignoir en tissu éponge, elle paraît plus âgée qu'elle ne l'est probablement. Je lui offre un bouquet de tulipes qu'elle accepte en me remerciant chaleureusement, avant de lâcher son balai pour serrer les fleurs, puis moi dans ses bras. Je souris en redressant les épaules. Personne ne me traitera jamais de *petite* vieille. Arrivée chez moi, je tape le code et pousse la porte cochère ; elle est si lourde que je dois reprendre un instant mon souffle avant de monter les marches. Devant ma porte, je trouve un carton rempli de citrons Meyer d'un jaune éclatant. « Quel homme charmant ! » me dis-je en souriant car je sais qui me les a apportés. Mon voisin du dessous est un homme persévérant, je dois le reconnaître. Mais il est républicain et il possède une arme à feu, autant dire qu'il n'a aucune chance avec moi. Aucune. Je pose les fleurs et le pain en équilibre sur les citrons puis, de ma main libre, je cherche mes clés cachées dans mon soutien-gorge, quand je m'aperçois que j'ai laissé la porte ouverte. Tête de linotte ! Je ramasse tout, jette un coup d'œil à l'intérieur pour m'assurer qu'il n'y a pas d'intrus et trimballe le carton jusqu'à la cuisine. Je choisis un citron que je frotte entre mes doigts, j'adore cette odeur fraîche ; j'en mets quelques-uns dans mon compotier blanc que je pose sur une étagère du salon.

Comme vous le verrez, je ne range plus mes livres par ordre alphabétique ni suivant la couleur des dos, comme je le faisais avant. Ils sont maintenant classés par personnages. Je rapproche ceux, qui, selon moi, doivent se parler. J'ai ainsi placé *Au cœur des ténèbres* à côté du *Regard du roi* et *La Prisonnière des Sargasses* juste au-dessus de *Jane Eyre*. Ces deux-là se trouvaient déjà côte à côte, mais j'ai jugé bon de redresser l'ancien déséquilibre colonial en donnant à Rhys l'avantage de l'étagère supérieure. Distraite par un bruit, je les oublie un instant ; ce sont juste les enfants qui jouent au ballon et font des paniers dans la cour de l'école primaire, située de l'autre côté de la rue. Je retourne à ma bibliothèque où je pioche un volume au hasard.

Une carte postale tombe par terre. Une des siennes, bien sûr. Une femme peule portant des créoles couleur bronze. Je la retourne, suis du doigt chaque ligne tracée, puis la hume en souriant. « *Eu te amo*. Antonio », avait-il signé, la barre du *t* débordant de la carte. Je pousse un soupir ; j'essaye de me souvenir de quoi il avait l'air. Je me souviens de ses yeux, marron clair. Et ses mains, oh, je m'en souviens parfaitement. Et la première fois où il m'a touchée en prenant ma main dans l'obscurité. Nous étions au cinéma, regardant Dieu seul sait quel film, parce que son pouce traçait des cercles dans le creux de ma paume et que j'avais dû faire un gros effort de concentration pour m'empêcher de gémir à voix haute. Il était si doux, sauf quand il ne l'était pas, ce qui était parfois encore plus excitant. Mais c'était surtout ses paroles qui m'avaient séduite et ses lettres d'amour pleines de tendresse, de désir.

Je retourne dans la cuisine me préparer un thé. Debout devant l'évier en posture *tadasana*, je contemple la ville en pensant à Mrs. Manstey[1] dans son appartement solitaire de New York. Soudain le lave-linge du voisin signale la fin de son cycle par un martèlement sourd, et j'entends de nouveau un bruit, mais cette fois, il n'y a pas de doute possible. Je suis surprise d'abord, non pas de l'entendre, mais par la vague de désir qui me saisit au point que je dois poser ma tasse Harrods verte et quitter précipitamment la cuisine. Les gémissements se

1. Héroïne de la première nouvelle d'Edith Wharton publiée en 1891 : *La Vue de Mrs. Manstey*.

font plus sonores, comme le bruit sourd de plus en plus rapide qui rythme les ébats du couple dans l'appartement voisin. Je m'allonge sur le canapé futon et souris tout en cherchant mentalement la personne convenable avec laquelle partager ce jaillissement de désir inattendu. C'est Dawud qui me rejoint le premier, avec son odeur de falafel et de lilas, alors que nos jambes s'enlacent. Je repousse un coussin qui me gêne, et le voisin vient remplacer Dawud. Il prend mes seins dans le creux de ses mains calleuses, caresse mes tétons. Mais inévitablement, ce sont les doigts d'Antonio que je sens bientôt entre mes cuisses, son souffle me chatouille le cou. Je ferme les yeux, murmure son nom et je lâche prise, je l'abandonne pour la chaleur que mes attouchements ont provoquée. Plus tard, sans changer de position, je repense à lui. J'aimerais tant qu'il soit là, à mes côtés ! Nous deux, collés l'un à l'autre. Je baisse mon bras, surprise par sa position, le balance au-dessus de ma tête, et je serre les mains sur ma poitrine. J'ai dû m'endormir un petit moment parce que, à mon réveil, tout est silencieux. Je me lève, noue ma jupe et retape un coussin. Je vais chercher mes lunettes à la cuisine et souris en apercevant mon reflet sur le ventre de ma bouilloire chromée. Je me penche pour mieux regarder. Antonio appelait mes yeux ses « miettes d'amour ». Une image empruntée à un poème de Cummings. En attendant que l'eau bouille, je me souviens de quelques-uns de nos secrets. Il me manque. Puis je me rappelle que ce n'est peut-être pas tant lui que l'idée de lui qui me manque. Combien de fois me suis-je sentie seule en compagnie d'un autre ? Pire que seule, même. Je soulève le sachet de thé, le presse et le pose sur la coupelle. Alors doucement, comme Antonio avec son pouce, je remue et remue jusqu'à ce qu'il ne reste plus de sucre au fond de mon mug. Tout en chantonnant « Wanna Little Sugar In My Bowl[1] », je me dandine jusqu'à ma chambre pour admirer une fois encore mes nouvelles chaussures.

Cette année, ce sont des chaussures en daim rouges, et bien qu'elles ne soient pas bon marché, ou plutôt *parce qu*'elles ne sont pas bon marché, je les trouve splendides. « Absolument splendides », je murmure en me débarrassant de ma tasse pour les essayer. J'ai deux traditions en ce qui concerne mon anniversaire. La première, c'est d'acheter des chaussures. Celles de cette année ont un talon raisonnable, un bout ouvert et sont d'un rouge écarlate somptueux, profond. Comme c'est un anniversaire important, j'assortis à mes chaussures ma robe en mousseline noire et un collier de perles à double rang. Des perles qui m'ont accompagnée d'un déjeuner avec Mme Gandhi à un thé à Buckingham Palace jusqu'à ce petit appartement où je dois vraiment penser à remplacer le miroir brisé de la psyché. Je grimpe sur le rebord de la baignoire en m'agrippant fermement à la porte. De cette façon, je peux voir les chaussures et la robe dans la glace de la salle de bains et imaginer juste là, à l'endroit où je pose la paume de ma main,

1. Chanson de Nina Simone.

un tatouage. Parce que c'est ça ma deuxième tradition : faire quelque chose de nouveau et d'audacieux à chaque anniversaire. L'année dernière, c'était la plongée sous-marine ; celle d'avant, apprendre à nager. Cette fois, ce sera un tatouage. Ce n'est pas tant l'idée d'avoir un tatouage qui m'excite que l'endroit où je choisis de l'avoir. J'ai songé que le poignet ou la cheville seraient trop banals, c'est pour ça que je voulais voir mon amie à la boulangerie. Je comptais lui demander ce qu'elle pensait d'un bougainvillier, une liane grimpant sur mon dos, si elle trouvait que c'était une bonne idée. C'est aussi pour ça que j'ai acheté des tulipes de deux couleurs différentes, pour savoir quelle teinte elle me recommandait ou si elle ne me recommandait pas de couleur du tout, juste un noir tout bête. Est-ce que les tatouages sont plutôt noirs ou vert foncé, de nos jours ? Quelle couleur conviendrait le mieux à ma peau foncée ? Mon amie a un dragon chinois qui s'étale sur son dos, les pattes perchées sur sa cuisse. Elle me l'a montré spontanément un jour en précisant qu'il représentait son héritage familial. Elle l'avait fait en trois fois à cause de la douleur. Je me demande combien de temps cela prendra pour mes fleurs. Pas trop j'espère, parce que je n'aime pas les aiguilles. Je frémis encore en pensant à tous ces vaccins dans mon enfance contre les maladies dangereuses. Tétanos. Typhoïde. Diphtérie. Fièvre jaune. Je me demande si je ne devrais pas plutôt choisir un dessin plus petit. Une simple branche de bougainvillier – un peu comme les fleurs que m'a offertes Dawud –, à la base de ma nuque. Je n'aurais jamais le courage de faire quelque chose d'aussi gros qu'un dragon, mais de minuscules fleurs symbolisant le climat tropical que j'aime tant, pourquoi pas ? Oui, je commence à me dire que c'est une bonne idée. Une excellente idée pour marquer mon soixante-quinzième anniversaire. Je pivote pour mieux m'admirer et, en pleine contorsion, je glisse.

4

« Vous avez eu de la chance, me dit l'animatrice du centre de rééducation La Bonne Vie.

— Oui. »

Je sais. J'ai eu de la chance qu'un voisin soit chez lui et m'entende tomber. Et je sais que mes blessures auraient pu être plus graves, beaucoup plus graves. Si je n'avais pas aussi mal, je lui répondrais plus aimablement. Je me contente de prendre une profonde inspiration, m'obligeant au calme et à l'immobilité. Pourtant je n'ai aucune envie de jouer au yogi, aujourd'hui. Je suis exténuée, et on m'a fagotée n'importe comment avec un tee-shirt trop large, sans soutien-gorge. Je ne supporte pas l'idée que cette femme au parfum délicat va forcément remarquer mon haleine fétide du matin. Aussi j'évite la respiration *anahata* et je tourne la tête vers la table de chevet en espérant y trouver des calmants.

« Je peux aller vous chercher quelque chose ? me propose ma visiteuse.

— Non, rien. Tout va bien, dis-je, parce que, depuis que j'ai mis la main sur mes lunettes, je constate qu'elle n'est pas tellement plus jeune que moi. Je suis juste un peu déboussolée et j'ai horreur de ça.

— C'est à cause des médocs, mon chou. Votre organisme va les éliminer petit à petit, il faut juste essayer de vous reposer. »

Elle serre délicatement ma main.

« Je ferais peut-être mieux d'essayer de me changer les idées. »

Je me redresse pour moins avoir l'air d'une invalide.

« Dès que vous serez sur pied, vous verrez, on propose des tas d'activités. Au moment où je vous parle, on joue du ragtime, on a aussi un club de tricot et de couture… On propose même de la marche rapide, du hula-hoop, et on vient tout juste d'ajouter une initiation à l'iPad 101.

— Un livre, voilà ce que j'aimerais vraiment, dis-je en retirant ma main.

— Vous avez vu notre bibliothèque ?

— Non. »

Je voulais parler de mes livres à moi, mais elle s'est déjà lancé bille en tête sur le sujet et débite fièrement les noms d'auteurs venus faire une conférence ici, comme si j'étais censée en avoir entendu parler. Je n'en connais aucun, j'imagine qu'ils n'ont qu'un mince intérêt littéraire. Son téléphone sonne soudain, elle s'excuse, elle doit me quitter. Ouf, la voilà partie ! Je me penche pour attraper le livre posé sur la table de chevet avant de retomber sur mon oreiller. Je sais que j'ai eu de la chance, je le sais bien, mais je déteste me sentir faible et dépendante.

J'avais rangé le bouquin dans mon kit de survie « séisme », il y a des années, puis je les avais oubliés tous les deux. Le voisin qui m'a secourue a dû remarquer le kit près de mon lit et le confondre avec mon sac à main. C'est drôle que ce sac de secours m'ait suivie jusqu'ici ; je ne l'avais pas du tout préparé pour ce genre de catastrophe. J'imaginais plutôt un tremblement de terre ou un tsunami. La vie s'amuse à vous jouer de ces tours ! C'est toujours au moment où on s'y attend le moins que des événements imprévus vous tombent dessus. Je n'ai jamais beaucoup aimé la texture ni l'odeur de cette sacoche en peau de serpent, mais je l'ai gardée par nostalgie. Un vieux marchand haoussa me l'avait vendue à Kano ; je ne m'en suis jamais séparé parce que je l'avais achetée avec ma mère et que le marchand avait promis qu'elle me porterait bonheur. La seule chose que j'espérais, enfant, c'était que Dieu guérisse ma myopie. J'avais lu un jour l'histoire d'une fillette qui avait perdu ses lunettes, elle avait prié pour qu'on les retrouve et, à sa grande surprise, Dieu lui avait répondu en lui accordant une bonne vue. Voilà le genre de miracle que j'attendais. J'avais même pris l'habitude de frotter le sac, comme Aladin sa lampe, avant de me rendre compte que Dieu pourrait désapprouver. Frotter des lampes magiques n'était pas exactement une pratique très chrétienne. J'avais sans doute ainsi gâché mes chances. Peut-être que, après toutes ces décennies, la bonne fortune prédite par le marchand m'a enfin souri, sans quoi il n'y aurait rien d'autre dans cette chambre pour m'occuper qu'un lit, un fauteuil et une commode sur laquelle trône un poste de télévision et un bouquet de violettes africaines posé sur le rebord de la fenêtre dans un gobelet en plastique qui a peut-être servi à un patient. La douleur commence à s'atténuer. Je ferme les yeux et me concentre sur ma respiration. J'inspire, j'expire… Quelle affreuse panoplie d'activités propose ce centre !

Je m'abandonne au sommeil, je rêve que je saute en parachute, que je fais de la danse orientale. Puis mon rêve se mue en une course de voitures au Rallye Safari du Kenya, où Poussin et moi fonçons vers la ligne d'arrivée, dans un nuage de poussière rouge.

Je suis réveillée par des bruits de voix dans le couloir. De l'espagnol. On parle d'une fête, des éclats de rire fusent. Tout ce boucan m'irrite, alors que j'essaye de me redresser dans une position moins douloureuse. Je tousse et, comme je me penche pour chercher à tâtons un verre d'eau, je tombe sur mes lunettes et le livre. Je les saisis et je me console en pensant à mon appartement, aux livres qui attendent mon retour. Ceux qui appartenaient à ma mère se trouvent dans ma chambre. J'ai rangé ses précieux Beatrix Potter sur les minuscules étagères du meuble vitré, les dictionnaires et les magazines sont placés tout en bas, et le reste cohabite au centre. César aurait désapprouvé. Il aurait dit que ça faisait trop fouillis.

J'avais vingt-deux ans quand on s'est mariés, César trente-sept ans. Il était un peu plus jeune que mon père, mais pas beaucoup. Ils possédaient la même assurance, le même aplomb, et puis César avait voyagé et étudié à l'université, contrairement à mon père, il pouvait parler de ce qui était le mieux pour le Nigeria et notre continent, avec une assurance érudite (pas seulement par conviction). J'étais fière de la façon dont les gens l'écoutaient, penchés en avant pour ne pas perdre une seule miette de ses propos. Il parlait d'une voix si basse qu'il en devenait même parfois inaudible. Au début, cette posture m'avait attirée. Mais, avec le temps, elle a perdu de son attrait, je n'y voyais plus qu'un truc de séducteur. J'ai perdu foi en la politique, je m'agaçais de ceux qui buvaient les paroles de mon mari, les femmes surtout qui le flattaient en lui faisant croire qu'il pouvait et devait devenir le prochain président du Nigeria.

Au départ, Antonio était un ami de César. Il était aussi le premier ambassadeur culturel noir du Brésil. Ici au Nigeria. Il était photographe ; tout aussi apprécié par l'élite de Lagos que par les gens de la rue, des villages, ses modèles préférés. Il était plus jeune que moi de plusieurs années et adepte du candomblé, deux bonnes raisons (sans compter qu'il était l'ami de César) pour que je ne m'attende pas à craquer pour lui. Mais je ne m'attendais pas, non plus, à me découvrir l'épouse d'un homme déjà marié. Si bien que c'est vers Antonio, et non le prédicateur, que j'ai accouru quand j'ai découvert l'existence de la première femme de César. Antonio qui avait toujours du temps pour moi, Antonio pour qui les ors et les fastes n'avaient aucune importance, Antonio qui posait des questions qui n'étaient jamais futiles ; qui faisait des photos et croyait au pouvoir de l'art, pensait que l'art pouvait changer le monde. Il me suffisait parfois de songer à sa main frôlant la mienne pour me sentir émoustillée. J'imaginais que nous allions plus loin, je rêvais d'actes interdits, de voyages, je nous voyais danser, rire, faire l'amour. Je me rêvais intrépide tout en luttant contre la peur de trahir mon mari (malgré sa trahison à lui) et celle de me voir humiliée devant nos amis ainsi que devant la douce épouse d'Antonio. Plus que tout, j'avais peur de décevoir mon père qui avait souffert assez d'humiliations avec la mort de ma mère.

5

Le message ne donne aucun détail à part le nom de Morayo : ni quand ni comment, juste un numéro à joindre pour plus d'informations. Je mets un certain temps avant de tomber sur la bonne personne, quand enfin une infirmière me confirme que Morayo est bien à l'hôpital, elle m'explique qu'elle a fait une chute et subit actuellement une opération de la hanche. Sous le choc, je me souviens de toutes les fois où je lui ai promis de passer prendre un thé et de lui amener les garçons. Chaque semaine, un nouveau prétexte avait surgi, et je n'y étais pas allée.

L'hôpital St Mary n'est pas très loin de l'école, donc, le lendemain matin, après avoir déposé les enfants, j'achète des fleurs et je file là-bas. Je n'ai pas vérifié les horaires de visite, mais j'ai décidé que, si on me le demande, je me présenterai comme la fille de Morayo. Je suis sûre que c'est ainsi qu'elle me décrirait au personnel soignant : « Sunshine, ma fille. » Je prends l'ascenseur jusqu'au septième étage, soulagée que personne ne s'interpose. Le lit de Morayo est séparé de ceux de ses voisins par un rideau en plastique à fleurs. Allongée sur le dos, elle respire par la bouche. Je pose doucement ma main sur son poignet et murmure un triste bonjour. Quelques poils blancs pointent dans ses sourcils noirs. Elle a l'air si fatiguée et je la trouve vieillie. Je tapote sa main en lui disant que je vais revenir. Il faut mettre les fleurs dans l'eau, sauf que je ne vois de vase nulle part. J'aurais dû y penser avant.

Tout le monde est occupé au poste d'infirmières, mais l'une d'elles m'offre vite son aide. Après avoir farfouillé quelques minutes, elle me tend un gobelet en plastique. Il est vilain et trop petit, mais je me débrouille pour que les fleurs préférées de Morayo s'y tiennent bien droites, tandis que la même infirmière se penche sur elle.

« Bonjour, madame Da Silva. Madame Da Silva ? Comment vous sentez-vous ? Encore un peu dans les choux ? Vous avez de la visite. »

Elle se tourne vers moi.

« C'est à cause des sédatifs, ça fait somnoler… Madame Da Silva ? »

Elle continue à l'appeler jusqu'à ce que Morayo ouvre les yeux et louche tour à tour du côté de l'infirmière et du mien.

« Salut », murmure-t-elle.

Un sourire illumine son visage. Elle m'a reconnue. Elle tente de lever une main mais la repose en apercevant l'aiguille de la perfusion fichée dessus.

« Je suis si contente que tu n'aies rien, lui dis-je en lui caressant le bras.

— Sunshine ?

— Oui. »

Je lui souris.

« Est-ce que tout, tout… ?

— Tout va bien », je finis à sa place en la voyant batailler avec les mots.

« Elle va encore se sentir fatiguée quelques jours, explique l'infirmière alors que les yeux de Morayo papillonnent puis se referment. Ensuite elle ira en rééducation. Ce qu'il y a de bien, c'est qu'on récupère vite après une opération de la hanche. Mais va falloir la surveiller de près, ma petite. Faut qu'elle bouge, et pas qu'un peu, parce que les caillots sanguins, ça pardonne pas. Faut qu'elle retrouve des muscles et surtout qu'elle évite les chutes. C'est ça le danger. »

Je fais bien attention à ne rien toucher en quittant l'hôpital. J'appuie sur le bouton de l'ascenseur avec mon coude et, une fois dehors, je sors une lingette antibactérienne et nettoie méticuleusement mes mains puis mes bras sur toute leur longueur, avant de la jeter dans une poubelle. Je recommence, juste pour être tranquille, puis je vérifie sur mon téléphone si j'ai reçu des messages.

Je connais bien l'immeuble de Morayo, j'y ai vécu il y a dix ans. C'est là qu'on s'est rencontrées pour la première fois, c'était un après-midi riche en émotions. Mes beaux-parents séjournaient chez nous et, entre les couches de Zach, les coliques d'Avi, mon nouveau-né, l'appartement trop petit, l'obligation d'apparaître comme une belle-fille aimante et obéissante, je m'étais sentie dépassée par les événements. J'avais couru me réfugier dans la buanderie pour me ressaisir et là, quand

Morayo m'avait demandé si ça allait, j'avais éclaté en sanglots. Comme cela arrive parfois avec des inconnus dont la gentillesse vous surprend, j'avais vidé mon sac. Je ne me sentais pas à la hauteur, j'aurais beau faire, je ne serais jamais assez bien pour ma belle-famille, jamais assez raffinée, jamais assez soumise, jamais assez éduquée et, surtout, jamais « assez indienne », c'était ça qui m'embêtait le plus. Morayo m'avait rassurée d'un « Ça ne veut rien dire ça, ma chérie, "assez indienne". Comme s'il y avait une seule culture indienne ! ». Parce qu'elle avait le même âge que mes beaux-parents, qu'elle avait vécu en Inde et en Afrique, je l'avais crue.

En ouvrant la porte de son appartement, je suis saisie par la chaleur d'étuve et l'odeur de renfermé. Et ce désordre ! « Mon Dieu ! » je marmonne devant tous ces livres et journaux. À quand remonte ma dernière visite ? Ça ne peut pas faire si longtemps ? Les livres sont entassés n'importe comment sur les rayonnages, à l'envers, à l'endroit, de travers ; aucun n'est à sa place. Il y a quelques mois de cela, nous avons pourtant passé une journée entière toutes les deux à les classer par ordre alphabétique. J'en découvre d'autres abandonnés, tels des jouets d'enfant, dans le tiroir d'une commode, dans un placard. Tout est dans un tel désordre que, si je ne connaissais pas Morayo, je me poserais des questions sur sa santé mentale. Mais je sais que de ce côté-là tout va bien. Enfin, je crois... Et toutes ces revues et ces factures qui n'ont jamais été ouvertes, empilées sur la table ! Je n'aurai jamais le temps de ranger tout ça, il faut que j'engage quelqu'un, ce dont je n'ai pas plus le temps de m'occuper. Bon, tout ce que je peux faire pour l'instant, c'est vérifier que les lumières sont bien éteintes, qu'il n'y a rien à jeter dans le réfrigérateur et choisir quelques livres à lui apporter lors de ma prochaine visite. « Mais lesquels, bon sang ? » J'en vois deux qui ont l'air neufs, dans sa chambre, dont les mémoires de Maya Angelou. Au moins, elle, j'en ai entendu parler. Morayo me file souvent des bouquins, mais je les trouve trop compliqués, du coup je suis agréablement surprise de découvrir une pile de romans d'amour à la couverture en papier glacé à côté de son lit. « Je ne vous imaginais pas comme ça, professeur Morayo ! » J'en ris toute seule. Pourtant ça ne devrait pas m'étonner. Mon amie a toujours été si décomplexée, si ouverte, si peu conventionnelle comparé à la plupart des gens de son âge. Il ne devait pas y avoir beaucoup de femmes de soixante-dix ans qui choisissaient de claquer toutes leurs économies dans une belle voiture de sport. Je me rends à la cuisine, vide plusieurs tasses de thé, frotte le plan de travail et m'apprête à partir quand j'entends un bruit furtif. Je me retourne et pousse un cri en découvrant, perchée sur la cuisinière, une souris ! Qui disparaît aussitôt derrière le four pour rejoindre, je suppose, sa tripotée de frères et sœurs.

J'appelle sur-le-champ Francisco, mon homme à tout faire. Deux jours plus tard, je le laisse dans l'appartement de Morayo pour une opération de tri. À mon retour, le logement est joliment transformé :

toutes les surfaces ont été débarrassées, les livres sont rangés comme il faut sur les étagères. Les plus volumineux, impossibles à caser, forment des piles, et les exemplaires en double sont rassemblés en un seul tas, exactement comme je l'avais demandé.

« Et la souris ?

— Partie, déclare Francisco. Mais il faut que je vous dise un truc. Vous savez, votre amie, elle cache de l'argent partout. J'en ai trouvé dans les livres, dans la cuisine, partout. Comme si elle avait peur d'aller à la banque ou je sais pas quoi. Tenez, regardez… »

Il me tend une liasse de billets qui vont de un à cent dollars, il y en a même plusieurs de cent.

« Je sais pas, vous devriez peut-être lui dire de faire attention.

— Oui, merci. Et les autres livres ?

— Ceux qui étaient abîmés ? Oh, je les ai jetés.

— Quoi ! Vous avez fait quoi ? Je ne vous ai jamais demandé de les jeter. Je vous avais dit les vieux journaux et magazines. Pas les livres.

— Vous m'avez dit de balancer tout ce qui était abîmé.

— Pas du tout, ce n'est pas ce… »

Je me retiens de lui dire *vous avez mal compris*, je devine à son air offensé que cela ne ferait qu'empirer les choses. Je ne veux surtout pas le vexer en insinuant que son anglais laisse à désirer, lui qui se plaint toujours des gens qui ont des préjugés contre les latinos ; je ne veux pas qu'il me prenne pour une de ces *gringas* racistes.

« Soit. Mais là, maintenant, il faut les récupérer.

— Vous voulez que j'aille fouiller dans la poubelle ? C'est une grande poubelle », proteste-t-il en haussant un sourcil.

Le temps que j'arrive au sous-sol où sont rangés les conteneurs, les livres ont disparu, ensevelis sous les détritus des voisins, boîtes de pizza, de céréales, bouteilles en verre, cannettes et plastiques en tout genre. Tout ce plastique ! J'envisage un instant de vider la poubelle par terre et de trier. De la folie. À l'heure qu'il est, les livres doivent être encore plus amochés. Allez, ce n'est peut-être pas aussi grave qu'il n'y paraît. La plupart de ces bouquins méritaient sans doute de finir comme ça, de toute façon. Morayo en a tellement ! Beaucoup trop pour le peu d'espace dont elle dispose. Je quitte le local. Le lendemain, les poubelles ont été vidées.

6

Bon, alors l'autre jour, y a cette dame noire qui vient vers moi. Attention, j'ai rien contre les Noirs, je dis juste qu'elle était noire. Elle était aussi grande et vieille. Pas vieille-vieille, mais plus vieille que moi, ça c'est sûr, assez pour être ma maman, peut-être même ma mamie. Bon. Donc elle me voit chargée comme un âne, j'avais le chien en plus, alors j'ai dû lui faire pitié, tu vois, et elle m'a demandé, comme ça, si ça allait. Tu vois, des fois, on en a marre des gens, de leur pitié, de toutes ces conneries. Ouais, je suis SDF, et alors ? J'aurais p'têt' dû lui dire ça, mais les mots ils viennent pas toujours quand on veut.

SDF, c'est juste qu'on est des handicapés du logement. On n'a pas un toit sur la tête, mais on se débrouille. Heureusement, je bosse dans l'alimentation, alors on a de la bouffe. Tu vois, je crois que j'ai beaucoup appris en vivant comme ça, parce que tu meurs jamais de faim, t'as toujours de quoi t'habiller. Grosso modo, tu grappilles de tout dans la rue. On s'entraide entre nous, tu vois. Je traîne beaucoup dans les parcs où y a du monde, je vois des tas de choses, je te le dis, personne n'est meilleur ou différent, on a tous un cœur, on se soucie tous les uns des autres. On a juste nos bons et nos mauvais jours, comme tout le monde. Je bois pas, je touche plus à rien, ni drogues ni rien. C'est un choix que j'ai fait, un but, un horizon que je me suis fixé. Une question de respect de soi-même, tu vois. Quand tu vis dans la rue comme moi, tu tiens pas une seconde, si t'es tout le temps défoncé. Tu peux pas. Sinon, ça veut dire que tu te laisses aller, t'es tout le temps fatigué. Moi, j'ai ma voiture, mon chien, mes affaires, un boulot, alors tout va bien. J'ai été mariée, j'ai vécu à Portland, dans l'Oregon, et à Berkeley. J'ai eu une belle enfance, j'ai manqué de rien. Mon père gagnait beaucoup d'argent dans le temps pour quelqu'un du Bronx. Ce que les gens gagnent aujourd'hui, mon père le gagnait à l'époque. Dans ces eaux-là, tu vois. Je viens d'une bonne famille. Mon papa, il était du genre économe, mais pas moi. J'suis un esprit libre, moi, j'suis une artiste.

Je viens d'une famille d'artistes, de pianistes, de musicos et tout ça. On avait un piano chez nous quand j'étais petite, enfin, chez ma grand-mère. Des ukulélés, des mandolines, et ça chantait, ça dansait. Tu vois, j'ai grandi là-dedans, dans ce genre de milieu. C'est pour ça que, avec les Grateful Dead, j'ai vite eu le goût de la danse. J'ai fait de la danse contemporaine. J'ai donné un récital à Carnegie Hall. Je dis pas que je suis une pauvre petite gosse de riches ou quoi, mais je viens d'une bonne famille.

Eh oui, j'ai des ambitions, évidemment ! Mais alors je me retrouverais à inviter tout le monde chez moi, tu vois, pour leur offrir une bonne nuit de sommeil. Parce que j'sais ce qu'c'est. Moi, j'ai pas dormi dans un vrai lit depuis trois ans. C'est le voyage d'une vie, comme un journaliste qui part dans un autre pays. Comme pour une mission, comme un missionnaire. Et va pas croire que je dors pas. J'ai même un oreiller et un édredon. En duvet d'oie, l'édredon. J'avais un sac de couchage, mais j'l'ai donné. C'est tellement bon de donner.

Ah ça, j'peux te dire que j'en ai appris un rayon sur le sujet. Donner, ça fait tellement de bien. Offrir un café à quelqu'un, lui payer son péage ou qu'on le fasse pour toi, c'est d'une gentillesse IN-CRO-YA-BLE. Sois gentille. C'est vraiment incroyable. Des fois, on prend pas le temps de s'intéresser aux autres, on brise le cœur de quelqu'un sans le vouloir, tu vois. Donc, pour en revenir à cette femme dont je parlais tout à l'heure, p'têt' qu'elle avait le cœur brisé et que j'aurais pas dû faire genre "Je veux pas te parler". On sait jamais. Sois gentille. Sois gentille. C'est ma nouvelle devise.

Par exemple, l'autre jour, j'ai trouvé un tas de bouquins par terre, sur le trottoir. Je les ai pris et j'en ai filé à des potes qui aiment lire, tu vois. Mais j'en ai gardé un pour moi parce que ça parle de l'Afrique. J'ai toujours eu cette théorie que les Africains sont les premiers à être arrivés en Amérique et que certaines de mes aïeules pouvaient être africaines. Donc j'ai gardé le bouquin avec le titre sur l'Afrique et j'ai bien aimé le nom sur la page à l'intérieur : Morayo Da Silva. J'sais pas comment ça se prononce, mais je dirais un truc comme Mo-ray-oh, parce que ça sonne comme un rayon de lumière, c'est sans genre défini et bien enraciné, comme le prénom que j'm'suis choisi : Sage, née Sarah. J'imagine mes ancêtres africaines venues d'Europe, traversant le détroit de Béring, descendant la côte ouest vers la terre de mes autres aïeules, les Cherokees du Sud-Est et les Apaches du Sud-Ouest. J'imagine aussi qu'un jour je plaquerai mon dingo de petit ami, j'lui laisserai le chien et j'retournerai à la fac, pour finir mes études, tu vois. Comme ça, j'ferai quelque chose de bien pour moi. J'irai au Brésil. Et même en Afrique, tiens. Franchement, quand t'y réfléchis, avec ce que j'endure, vraiment, ma vie, elle vaut pas beaucoup mieux que celle des Africains. J'veux dire, ma vie, et tout ça, ça va, mais j'vais pas te mentir, c'est dur par ici. Des fois, quand je lis des trucs sur l'Afrique, je trouve pas que l'Amérique ce soit beaucoup mieux. Et c'est vraiment dommage. Ouais, vraiment dommage.

7

Au téléphone, Sunshine me dit que cela fait seulement trois jours, mais j'ai l'impression que ça fait beaucoup plus. Je me demande si elle n'arrondit pas au chiffre inférieur pour me remonter le moral. J'aimerais tellement rentrer à la maison !

Les nuits, c'est ça le plus dur, parce que je suis réveillée par les cauchemars de mes voisins et les infirmières qui accourent dans le froufrou de leur pantalon large en coton et le couinement de leurs chaussures en caoutchouc. J'essaye de faire comme si je ne les entendais pas, mais c'est peine perdue et je ne peux pas m'empêcher de sursauter quand les tuyaux se mettent à craquer et à siffler dans ma chambre. Moi aussi, il m'arrive de faire des cauchemars. Je rêve qu'on m'agresse ; quand j'appelle à l'aide, aucun son ne sort de ma bouche, alors je me réveille en suffoquant, cherchant désespérément de l'air. Ils m'ont donné un bouton d'alarme pour ce genre de situation je suppose, mais comme je ne sais pas qui se présentera si j'appuie dessus, je ne l'utilise pas. Si seulement ils me laissaient verrouiller ma porte ; mieux encore, si seulement j'étais assez forte pour pousser un meuble contre le battant ! Je sais, je devrais me sentir en sécurité, ici, mais je sais aussi qu'on n'est jamais sûr de rien.

Il y une femme charmante, elle s'appelle Bella, et j'aimerais tellement qu'elle travaille de nuit ! Je me sentirais plus rassurée. Mais comme ce n'est pas le cas, je reste éveillée jusqu'au petit matin. Je pense à mes amis de San Francisco, qui d'ailleurs ne savent pas que je suis là. Je ne veux pas qu'on vienne me voir dans cet endroit, c'est trop déprimant. C'est pour ça que seule Sunshine a été prévenue. J'attends que le bleu de la nuit se dissipe dans l'aube naissante et alors seulement, quand la chaude odeur du sirop d'érable se glisse sous ma porte, j'accepte de me reposer.

Pour me consoler et empêcher mon esprit de tourner en rond, je ferme les yeux et je prends une profonde inspiration en invoquant les parfums des gâteaux de haricots *moin-moin* et des beignets *akara*. « Un bol de porridge, ce serait chouette », me dis-je en imaginant une Boucle d'Or en afro-boucles, juste avant que Bella n'arrive avec des pancakes accompagnés d'une gelée de raisin et de petites mottes de beurre si froides qu'elles tiennent debout comme des bonbons, refusant de fondre sur la montagne de crêpes.

« Attention à la marche », je répète en espérant que les portes vont s'ouvrir.

J'ai parfois l'impression que je perds la mémoire. J'oublie beaucoup de choses ces derniers temps et, à force de passer la journée au lit, je cogite.

Vais-je devenir comme ces vieilles dames atteintes d'Alzheimer ? Et qui s'occupera de moi ? Je me souviens d'un fou dans mon enfance… un homme ou une femme ? Je ne sais plus. S'agissait-il d'une femme aux seins nus qui avait enlevé son pagne, dévoilant son jupon sale et déchiré, et qui hurlait en se griffant le crâne ? Ou bien ce souvenir vient-il du livre de mon imagination ? Ou bien s'agissait-il d'un homme à la tignasse épaisse, infestée de poux ? Il était barbu aussi et, à l'époque, je ne connaissais pas d'autre homme portant la barbe. Je n'avais jamais osé le regarder de peur que ses imprécations ne s'abattent sur moi. Tous les enfants savaient qu'entre les jambes de ce type pendait un énorme pénis. Ballottant. Menaçant.

À l'heure des repas, on est envahi par une odeur de pommes de terre bouillies qui me rappelle mes années de pensionnat quand on nous servait de la morue et des patates le vendredi, du hachis Parmentier le samedi, un rôti d'agneau et encore des pommes de terre bouillies le dimanche. Le tout suivi d'une crème anglaise en poudre Bird's ou d'une gelée Rowntree's tremblotante. Je ne crois pas que mère ait jamais cuisiné des pommes de terre. Elle nous servait du riz, qu'elle triait avec soin avant de le cuire, elle me laissait y plonger les doigts pour dénicher, sur le plateau couvert de perles blanches, les petits cailloux marron qu'il fallait jeter. Je me souviens que le riz arrivait d'Inde dans un sac énorme de sisal blanc qu'on rangeait dans le garde-manger obscur, avec une calebasse en guise de récipient posée par-dessus.

Cette odeur de patates bouillies est liée pour moi au pensionnat, avec les cris abandonnés des mouettes d'Eastbourne, la grisaille assortie de son ciel et de ses plages de galets. Ici, j'ai un peu l'impression de retrouver ces nuits solitaires où, allongée sur le dos dans mon lit superposé, je pleurais parce que ma mère était morte et que mon père se trouvait à des milliers de kilomètres.

Le premier soir, ils m'ont emmenée dans la salle à manger en chaise roulante ; je n'y suis pas retournée depuis. Je n'arrive pas à oublier ce patient qui levait sans arrêt sa fourchette vide jusqu'à sa bouche édentée. Un employé venait parfois à sa rescousse mais, dès qu'il partait aider quelqu'un d'autre, l'homme recommençait à enfourner de l'air entre ses lèvres. Je l'ai surnommé « Santiago[1] » parce qu'il n'essaye pas de penser, mais d'endurer. Voilà pourquoi je préfère rester dans ma chambre avec, pour seule compagnie, mes pensées et les poèmes de la délicieuse Satin-Legs Smith[2].

1. Héros du *Vieil Homme et la Mer*, le roman de Hemingway.
2. « The Sundays of Satin-Legs Smith », poème écrit en 1944 par Gwendolyn Brooks.

8

Après avoir quitté l'université, j'avais prévu pour ma retraite de m'essayer à l'écriture, en commençant par un roman situé au Nigeria. Un projet qui ne méritait pas de figurer sur la liste des choses à tenter avant de mourir. Quoiqu'il le pourrait en fin de compte ; écrire s'est révélé beaucoup plus difficile que prévu. J'avais appelé mon personnage principal Joslyn en référence à ma ville natale, Jos, et à ma meilleure amie d'enfance, Jocelyn, la sœur de notre domestique. J'avais toujours espéré que Jocelyn épouserait un homme bon, aurait de beaux enfants et mènerait une vie heureuse. Mais on a perdu contact après mon départ pour le pensionnat, et je n'ai jamais su ce qu'elle était devenue. Le livre devait raconter cette vie imaginée et espérée, il devait être une lettre d'amour à mon amie et à la ville de Jos où nous avions grandi. J'étais souvent retournée à Lagos, mais une fois seulement à Jos, et jamais depuis les conflits entre chrétiens et musulmans et l'apparition de Boko Haram. J'espérais y aller avec mon père et puis, après sa mort, je n'en ai plus eu le courage. Ce matin-là, je prenais un café dans ma cuisine à San Francisco, j'allais ouvrir le journal quand j'ai découvert, en une, une photo aérienne de Jos, le sol jonché de corps enveloppés dans des tissus ankara aux couleurs vives. Sous cet angle, ils paraissaient presque beaux, pareils à des crayons éparpillés dans une boîte géante ; puis j'ai lu le gros titre et examiné le cliché de plus près, et j'ai remarqué que certains étaient couverts d'éclaboussures et qu'un grand nombre baignait dans un rouge plus profond que le tissu d'origine. L'article qui accompagnait la photo décrivait le massacre en détail. Il ne pouvait pas s'agir de ma Jocelyn. Et si c'était vraiment elle ? Son nom était écrit noir sur blanc, témoignant de la façon dont les villageois terrorisés s'étaient enfuis et avaient grimpé dans les arbres – ces manguiers à l'épaisse canopée de feuilles vertes où nous nous cachions enfants – pour se mettre à l'abri. En vain, selon cette Jocelyn, ces fous les avaient poursuivis et exterminés, les corps en flammes des victimes tombaient des branches. Cela s'était passé le 11 septembre 2001.

J'avais aussitôt envoyé de l'argent pour les orphelins, sans savoir si mes dons parviendraient bien à ceux qui en avaient le plus besoin, mais il fallait que j'agisse, je ne pouvais pas rester les bras croisés. Comment un tel massacre avait-il pu se produire chez moi, dans ma ville, l'endroit où j'avais grandi, l'endroit que j'avais décrit un jour comme le plus chaleureux et le plus généreux de toute la terre ? Une ville où les adultes veillaient sur chaque enfant comme si c'était le leur, n'hésitant pas à le gronder si besoin ; où tout le monde cuisinait en prévoyant un peu plus au cas où il faudrait ajouter une assiette ; où les personnes âgées n'étaient jamais reléguées dans des hospices mal aérés, assises des heures durant à attendre la mort. Une ville où les marchands de légumes offraient toujours un petit quelque chose à leurs clients fidèles, quelques goyaves ou des tomates pour le ragoût du soir ; où les gens disaient « Désolé » quand une personne trébuchait, tombait ou s'écorchait, parce que, dans cette culture fondée sur l'empathie, peu importait qui était le véritable responsable ; où les musulmans célébraient Noël, où les chrétiens rompaient le jeûne du ramadan avec leurs frères et sœurs musulmans. Une ville où les hommes se tenaient par la main et les femmes par le bras ; où le mot cousin n'existait pas parce que les cousins étaient comme des frères et sœurs ; où l'on passait le dimanche avec ses amis et ses proches ; où les mariages, les enterrements, les cérémonies du nom, les baptêmes, les remises de diplôme, les fêtes d'indépendance, les fêtes du gouverneur étaient fastueux et gais. Une ville où tout le monde connaissait votre famille. Une ville où les atrocités décrites dans les manuels d'histoire concernaient les Allemands, les Russes, les Japonais, les Chinois, les Nicaraguayens, les Boers, mais ni vous ni vos proches. Jamais. Puis, un jour, c'est arrivé. En pire.

Parce que ma Joslyn n'était plus un personnage de fiction, parce que la vie heureuse dont j'avais rêvé pour ma Joslyn et ses enfants semblait maintenant si ténue, j'avais rangé mon manuscrit sur le rayonnage le plus haut en priant pour que mon héroïne s'y cache, à l'abri du danger. Je m'étais tournée vers mes vieux compagnons littéraires et les personnages dont j'avais si souvent discuté avec mes étudiants. J'ai lu d'abord *L'Aveuglement* de José Saramago et *Ceux de July* de Nadine Gordimer, parce que, s'il y avait bien des êtres capables de survivre, c'était l'épouse du docteur et Maureen. Je me surprenais à inventer de nouveaux chapitres dans mon journal intime, à changer la fin de l'histoire afin que ces héroïnes, qui n'étaient pas autorisées à s'en sortir dans la version originale, le soient dans la mienne. Mrs. Manstey ne mourait pas dans un incendie, Firdaus n'était pas exécutée, Magda ne devenait pas folle, Ophélie ne devenait pas folle, Diouna ne devenait pas folle, Tess ne devenait pas folle. Pas plus que Jane Eyre ou Antoinette Cosway. Chaque fois que j'insufflais une nouvelle vie à une histoire, je me sentais satisfaite. Jusqu'à ma prochaine visite. J'ajoutais alors un nouveau chapitre ou je choisissais une héroïne que je transplantais dans un autre roman. Malgré tout, la frustration d'avoir laissé en plan l'histoire de Joslyn ne m'a jamais quittée. Ce qu'il me fallait, c'était une âme généreuse, un personnage capable de transformer les choses, de les transformer vraiment. Alors aujourd'hui, clouée dans ce lit, je n'ai rien de mieux à faire que de convoquer d'autres personnages. Je me dis que j'aimerais revisiter certains romans que je n'ai pas lus depuis longtemps. Et si Magda avait pu confier sans crainte son bébé à une gentille Allemande ? Elle l'aurait mis dans les bras d'une inconnue qui aurait élevé la petite fille avec amour, comme quelqu'un avait pu le faire pour les enfants de Jocelyn. Plus j'y pense, plus je suis impatiente de rentrer, de retourner à mes annotations de jeune étudiante à grands coups de crayon, à mes petites croix ajoutées des années plus tard, pour trouver les nouveaux personnages et intrigues que je tricoterai dans mon histoire.

Je regrette de n'avoir prévu qu'un seul livre. J'attrape mon sac de survie, juste pour vérifier, parce qu'il me paraît assez lourd pour en contenir un voire deux autres. Sinon, pourquoi pèse-t-il une tonne ? C'est l'eau. Trop de bouteilles d'eau ! Il faudra que je m'en souvienne la prochaine fois, inutile d'en emporter autant. Mais il n'y a pas que ça, c'est quoi ce paquet dans la poche intérieure ? Mais oui, ça me revient à l'instant même où je sors deux serviettes hygiéniques, maxi-longues avec rabats : j'y avais caché mon passeport anglais et quelques billets de cent dollars. « Bien vu, Morayo ! me dis-je en riant. N'oublie pas ça, Morayo. Un passeport. Cinq cents dollars. » D'ailleurs, si j'étais gravement blessée, quoi de mieux pour étancher le flot de sang qu'une serviette hygiénique ?

9

Je me souviens que j'ai croisé plusieurs fois Morayo dans les rues de Cole Valley. On se contentait de se saluer d'un hochement de tête, entre Noirs. J'avais toujours supposé qu'elle était afro-américaine, mais en entendant pour la première fois son accent vaguement anglais, je me suis demandé si elle ne venait pas, elle aussi, des Caraïbes. À l'origine. Elle avait une classe certaine, on le voyait tout de suite à son allure et à ses vêtements. Un jour, en l'apercevant assise seule dans l'un des cafés du quartier, un thé, un croissant aux amandes et un livre posés sur la table devant elle, j'avais imaginé le serveur lui apportant une assiette de saumon fumé, des truffes et du caviar. Le Café Français de Cole Street ne proposait pas de plats aussi raffinés, mais, par sa seule présence, cette femme si grande, si sûre d'elle, rendait tout possible. Alors quelle surprise, mais aussi quel choc, de la retrouver ici, à la Résidence, quelques mois plus tard, dans un tee-shirt informe, chaussée de pantoufles si ordinaires ! C'était bien la dernière personne que je m'attendais à voir dans ce genre d'endroit.

« Reggie Bailey, dis-je en la croisant dans le couloir menant à la salle de rééducation physique.

— Morayo Da Silva. Enchantée.

— Tout le plaisir est pour moi, Morayo. Vous permettez que je vous appelle Morayo ? »

J'aimerais lui demander comment elle se sent, si je peux faire quelque chose pour elle, mais son kiné l'attend. Je n'ai jamais aimé cet homme qui se croit doté d'un physique incroyable, alors que ce n'est pas du tout le cas. Je m'écarte pour les laisser passer et je vais attendre ma femme à ma place habituelle.

En général, j'essaye d'arriver à la Résidence à temps pour prendre le petit déjeuner avec Pearl. J'y passe la journée et je rentre chez nous après le dîner, en autobus. C'est moins onéreux et ça m'évite d'avoir à me tracasser pour trouver une place de parking. J'ai beau venir presque tous les jours, je me sens toujours aussi coupable. Les infirmières me disent que ça ne sert à rien. Elles prétendent que Pearl est plus facile parfois quand je ne suis pas là. Ce qui est vrai, je le sais, du moins quand on lui fait sa toilette, mais rien n'y fait, je m'en veux. Pendant des mois, j'ai réussi à m'occuper d'elle et, quand on était tous les deux, elle ne faisait pas d'histoires. Je sais, bien entendu, que cette maladie est imprévisible, que les zigzags qu'elle creuse dans le cerveau de ma femme n'obéissent à aucune logique, cela ne m'empêche pas de chercher des explications rationnelles. À l'époque où elle avait encore toute sa lucidité, Pearl avait insisté pour que je refasse ma vie sans elle, que je me rappelle seulement de ses bons jours, mais je ne m'y suis jamais résolu. À sa place, je n'aurais pas voulu qu'on m'abandonne. Et je sais que, si elle avait été du genre à dire ce qu'elle souhaitait réellement, au lieu de penser d'abord aux autres, elle aurait voulu que je reste.

Je m'assois dans le jardin en attendant qu'on lui ait donné son bain. Quand je retournerai la voir, elle sera toute pimpante et n'aura aucun souvenir de sa toilette. Mais pour le moment, je profite du soleil, assis sur le banc face à l'entrée principale. J'observe les allées et venues pendant que la réceptionniste, le dos tourné au monde extérieur, passe son temps à vernir ses ongles et à envoyer des textos, tout en actionnant la porte. Elle passe toute la sainte journée rivée à son téléphone, celle-là. Au moins la vieillesse ne sera pas un choc pour elle, vu qu'elle fonctionne déjà au ralenti.

Il y a une entrée de service à l'arrière pour les livraisons, mais ici il y a plus d'animation, c'est l'entrée principale pour les visiteurs et les médecins. Parfois, en voyant les nouveaux arrivants, je me retiens de leur dire à quel point la Résidence est mal conçue. J'aimerais les dissuader, surtout ceux qui ont l'air méchant ou grincheux, pour épargner Pearl. Il y a déjà suffisamment de gens déplaisants, ici. Je repense à Morayo, je me demande si elle est mariée, si elle a des visites. Je l'ai déjà vue avec des enfants. Ses petits-enfants ?

Je vérifie l'heure. Dix heures moins le quart. Le bain est fini, je pense. Ils doivent la sécher avec les deux serviettes blanches, puis ils l'habilleront et lui brosseront les cheveux. Ensuite ils la feront asseoir, poudreront son visage, mettront du blush en biais sur ses pommettes, enfin, à l'endroit où il y avait jadis ses pommettes – elles ont disparu. Ils lui laisseront choisir un rouge à lèvres et riront en l'appliquant parce que Pearl s'amuse toujours à claquer des lèvres, ce qui complique l'opération. Elle sourira quand ils placeront le miroir devant elle pour qu'elle admire leur travail. Je lui dis toujours qu'elle est belle après le bain, un compliment autant pour elle que pour les infirmières qui sourient d'un air si encourageant, alors que je me retiens de les maudire… Ou de fondre en larmes. Pour l'instant, je suis bien au soleil, il réchauffe mes vieux os. Je vais attendre encore un peu. Je serre dans ma main la balle de tennis qui ne me quitte plus. Si seulement j'en avais trois, je pourrais essayer de jongler, à défaut je serre et je relâche. Je serre et je relâche.

Je me demande pourquoi ils n'ont pas construit un court de tennis à la place du parterre fleuri ou installé une table de ping-pong plutôt que toute cette végétation. Les architectes ont dû imaginer des femmes contemplant d'un air pénétré des jardins toute la sainte journée avant de concevoir ces maisons de retraite. Pearl a toujours préféré le tennis au jardinage, elle avait fait de notre jardin un potager bien utile, légumes et herbes aromatiques, pas de place pour les fleurs. Je la revois sur le court dans sa jupette blanche, anticipant mon service, se balançant d'avant en arrière comme Billie Jean King, exagérant ses mouvements pour me faire rire et me déconcentrer. J'étais meilleur qu'elle, mais elle était plus maligne, plus maligne en tout d'ailleurs, et, au tennis, sa stratégie consistait à tenir bon jusqu'à m'épuiser. Je ris doucement en secouant la tête.

Pearl ne se maquillait jamais, juste un trait fin d'eye-liner à l'occasion, mais jamais de rouge à lèvres ni de fard. Elle était belle au naturel. Souvent, je saisis le moindre prétexte pour retirer le maquillage avec lequel les infirmières aiment la farder. Un geste d'une intimité étrangement inversée, la seule que nous partageons ces derniers temps, sauf quand on s'assoit côte à côte et qu'on se tient par la main comme ces vieux couples tristes sur la brochure en papier glacé de la Résidence.

Je ne vais pas mentir, il m'est arrivé d'espérer la mort de Pearl, et pas seulement pour son bien à elle. Je rêve qu'on m'enlace, qu'on me touche, qu'on me désire de nouveau, qu'on me reconnaisse. Je rêve de ne pas avoir à m'inquiéter de ce que pourraient en penser les autres, ou de ce qu'ils en pensent déjà. J'ai peur qu'un jour, ils me disent que je dois arrêter de la toucher puisqu'il n'y a plus moyen de savoir si elle est consentante. J'ai peur aussi du jour où je cesserai d'avoir envie de la toucher de cette façon. Peur parce que ce jour est déjà venu depuis longtemps. Je serre la balle dans ma main, de plus en plus fort, et je lâche.

10

Les garçons sont couchés, alors on se remet au travail Ashok et moi. C'est comme ça qu'on passe nos soirées dans la semaine. Ashok, installé dans la cuisine devant son écran, vérifie des documents juridiques et envoie des mails, pendant que je m'occupe de ranger. Une chance, ce soir il y a beaucoup de restes. Ça m'évitera d'avoir à préparer des sandwichs pour le déjeuner des garçons. Je partage les pâtes équitablement dans deux Tupperware, les saupoudre de parmesan, un peu plus pour Zach, un peu moins pour Avi, ma fine bouche. Puis j'admire ma création : des fusillis au blé complet, parsemés de rose et de vert, pancetta et courgettes. Je suis bonne cuisinière et j'hésite encore à en faire un business. Le yoga me passionne bien plus en ce moment, même si, de toutes mes idées d'entreprise, c'est celle qui plaît le moins à Ashok et à sa famille. Il a beau prétendre que je peux faire ce que je veux, je sais ce qu'il aimerait. Le statut, ça compte pour lui, je le connais, il se vanterait avec joie que sa Sunshine reprenne des études supérieures, mais il ne serait pas aussi enthousiaste à l'idée que je suive une simple formation de prof. Pas pour le yoga en tout cas. Ce qui est paradoxal puisque le yoga me rapproche de l'Inde, mais pas de la façon, je suppose, qui convient à sa famille bourgeoise. Je sors la barquette de tomates cerises, j'en tranche quelques-unes en deux et les dispose artistiquement sur les pâtes. Clic clac, voilà, le déjeuner est prêt, aussitôt rangé dans le Frigidaire avec une pomme Pink Lady sur chaque couvercle.

« Tu veux du chocolat ? »

Je prends la tablette des mains d'Ashok, casse un carré et la lui rends. Il a les épaules voûtées alors je le masse un peu puis j'enfouis mon nez dans son cou. Excité, il repousse son ordinateur et me fait tourner vers lui pour un vrai baiser.

« Reste, me supplie-t-il, en m'entourant la taille de son bras.

— C'est que… »

Il fronce les sourcils tandis que je me libère en me tortillant.

« … Je voudrais aider Morayo, elle a une telle paperasse en retard », lui dis-je en étalant les documents sur la table.

Il hoche la tête, je vois bien qu'il est déçu. J'hésite à lui expliquer que ce n'est pas que je ne veux pas faire l'amour, mais que, après une longue journée à me consacrer aux autres, j'ai terriblement besoin d'un peu de temps pour moi. Et même si c'est pour rendre encore service à quelqu'un d'autre, c'est mon choix et pas l'un de mes devoirs de mère. Mais nous avons déjà eu cette conversation, je me concentre donc sur Morayo.

« Tu as déjà entendu parler du Centre Abdul Rahim pour le droit à l'éducation ? Je ne trouve rien sur Internet et ça m'inquiète parce que Morayo leur a envoyé beaucoup d'argent, je crois.

— Ça ressemble à une arnaque, marmonne-t-il.

— C'est pas parce qu'on ne trouve rien en ligne que c'est suspect, si ? Je veux dire, elle est nigériane, ça pourrait très bien être une petite association locale avec laquelle sa famille l'a mise en relation ? Je devrais pouvoir trouver quelque chose sur eux, quelque part. »

Je tapote sur le comptoir avec mon crayon en réfléchissant. Et si Ashok avait raison ? Je suis peut-être trop coincée. On a peut-être juste besoin de faire l'amour plus souvent. Tant pis si je ne me réveille pas à l'heure pour emmener les enfants à l'école. Ils peuvent bien arriver de temps en temps en retard. Avaler des céréales Cheerios à la place des tartines. Partir sans se coiffer, sans se laver les dents ni se passer le fil dentaire. Mais je me moque de qui, là ? Organiser les choses, c'est ce que je fais de mieux. C'est ce que je suis.

Quand Morayo m'a demandé d'être son exécutrice testamentaire, j'ai ri en lui disant qu'elle me survivrait. Elle prend soin de sa forme avec tout son yoga et ses balades à pied. Mais j'ai répondu oui, bien sûr. J'ai donc lu son testament, soulagée de constater qu'elle ne me léguait pas son argent. Elle a tout donné à des associations caritatives. Et c'est bien ainsi. Même si, au fond de moi, j'espérais qu'elle me laisserait un petit cadeau. Je n'en ai pas besoin, mais j'avais juste envie d'avoir un petit quelque chose à moi que je pourrais déposer sur notre compte joint en disant fièrement à Ashok : « Regarde, bébé ! »

Je sors le testament de Morayo du meuble classeur et le feuillette tout en retournant à la cuisine. Il n'y est fait aucune mention du Centre Abdul Rahim ni de quoi que ce soit en lien avec le Nigeria. Sauf cette mention : « En cas d'invalidité ou de décès, mon ex-mari, César Da Silva, doit être prévenu. » Je m'assois en parcourant distraitement la première page indiquant que Morayo est « résidente de la ville et du comté de San Francisco, Californie ». Étant donné le nombre d'endroits où Morayo a vécu, je me demande ce qu'elle ressent en voyant ça, mais également en lisant à la rubrique « informations personnelles » : célibataire, sans enfants. Elle m'a confié à quel point elle avait souhaité avoir des enfants. J'imagine que cela a dû être douloureux.

« Tu ne crois pas que tu en as assez fait pour elle ? s'exclame Ashok en levant les yeux de son écran.

— Comparé à ce qu'elle a fait pour nous, non. Tu as oublié tout ce qu'elle a fait pour les garçons.

— Je sais, soupire-t-il, et je lui en suis reconnaissant, chérie, mais elle a bien d'autres amis qui peuvent l'aider, non ?

— Pas assez proches pour leur confier ses factures. Du moins pas ici.

— Pourquoi ne prend-elle pas un curateur ou quelqu'un comme ça ?

— Tu plaisantes ?

— Je disais ça comme ça.

— Attends, tu veux dire quoi, là ? Que je dois l'abandonner ? C'est ça ?

— Tu sais bien que non.

— Alors quoi ?

— Je dis simplement que tu ne peux pas continuer à tout gérer pour elle. Je sais que tu as un grand cœur, Sunny, mais tu ne peux pas passer ton temps à aider tout le monde. C'est pour ça que tu es si fatiguée.

— Puisque tu me trouves fatiguée, tu n'as qu'à me donner un coup de main. Par exemple, tu pourrais faire la lessive de temps en temps ou accompagner les enfants à l'école. Aller les chercher, aussi. Tiens, ce serait déjà sympa si tu commençais par ramasser tes chaussettes. »

Ashok ferme les yeux et secoue la tête d'un air las. Je sais qu'il va dire : « Je suis désolé, chérie, je ne pensais pas être un si mauvais mari. » Je devine ce qu'il pense : *Voilà donc ce qui suit le chocolat et les baisers. Voilà tout ce que je reçois alors que je t'ai déjà proposé d'engager une femme de ménage et une baby-sitter. Qu'est-ce que je peux faire de plus pour te rendre heureuse ? Est-ce que tu te mets des fois à ma place, est-ce que tu te demandes ce que ça fait d'être le seul soutien de cette famille ? Celui sur qui tout le monde compte ?*

« Je n'ai jamais dit que tu étais un mauvais mari, dis-je sèchement. Et tu le sais très bien. Simplement, il n'y a personne d'autre pour aider Morayo. Encore moins quelqu'un qui connaîtrait ses affaires au Nigeria. »

11

J'ai dû répéter je ne sais combien de fois au domestique de ne pas me déranger quand je suis à table, mais rien n'y fait. Le voilà encore en train de danser d'un pied sur l'autre à côté de moi, prétendant qu'une certaine Sunshine me demande au téléphone.

« Mais prends le message, enfin ! Quand vas-tu comprendre que je ne veux pas être interrompu pendant les repas ? Surtout quand je suis en compagnie de mon cher et honorable ami.

— Mais *Sah*… dit Solomon.

— Quoi encore ? » je hurle en contemplant la boulette d'*eba* qui refroidit entre mes doigts et sera bientôt immangeable.

J'ai l'impression qu'il fait exprès de me contrarier, aujourd'hui. Ce matin, il a servi le petit déjeuner en retard et sa salade de fruits puait l'oignon, ce qui veut dire qu'il n'avait pas bien lavé les couteaux de cuisine. Qu'est-ce qui lui prend ? A-t-il trouvé un autre travail ? Rien que l'idée me contrarie. Solomon est embêtant, mais ce n'est pas évident de trouver un domestique fiable de nos jours à Lagos. Je lui dis, d'un ton radouci, qu'à moins qu'elle ne soit la présidente des États-Unis, cette Sunshine peut bien attendre. D'ailleurs, c'est quoi ce nom ? Sunshine !

« Oui, monsieur, je peux p'endre un message.

— Franchement, ces domestiques ! je soupire alors que Solomon repart en courant et que mon ami éclate de rire. Parfois il y a vraiment de quoi se poser des questions sur l'intelligence de ces individus. Bon, reprenons, où en étions-nous ? »

Mais juste au moment où je m'apprête à tremper mon *eba* dans la sauce, Solomon m'interrompt :

« Excusez-moi, *Sah*, mais c'est qu'ça conce'ne Madame.

— Prends le message pour Madame, alors !

— Mais…

— Quoi encore ?

— C'est pou' Mme Da Silva. Pas pou' Madame.

— Bon sang ! »

Je bataille avec ma serviette, trop serrée autour de mon cou, et, tout en continuant à tirer dessus, je repousse mon ami qui essaye de m'aider. Je ne veux surtout pas qu'il s'aperçoive de ma maladresse. « Apporte-moi le téléphone, je la prendrai dans mon bureau ! » je crie à Solomon en m'efforçant de cacher le tremblement de ma main droite. Une fois dans le bureau, je lui arrache le combiné des mains et lui ordonne de fermer la porte derrière lui. J'entends alors à l'autre bout du fil une voix avec un accent américain dont je parviens à peine à décrypter quelques mots. Je tente de mettre mon appareil auditif mais, entre ce fichu tremblement de la main et le sifflement aigu qu'émet ce truc, je finis par abandonner. Je crie à mon interlocutrice de parler plus fort. Quand, après ce qui me paraît une éternité, cette bonne femme m'annonce enfin que Morayo n'est pas morte, je recouvre ma voix.

« Qui êtes-vous ? Qu'est-ce qui vous prend de m'appeler d'Amérique ? Vous ne savez même pas vous présenter comme il faut et vous m'annoncez que mon ex-femme est à l'hôpital ? C'est une façon de commencer une conversation, ça ? Et c'est quoi, ce nom, Sunshine ? Non, c'est vous qui allez m'écouter ! On ne téléphone pas comme ça, sans se présenter d'abord, sans expliquer les choses correctement, sans donner le contexte, on ne se précipite pas en disant "Untel ou Unetelle a eu un accident" ! Hein ? Vous m'entendez ? Ce que vous auriez dû dire dès le début, c'est qu'elle était convalescente, mais vous avez parlé d'accident et d'hôpital. Alors comment vouliez-vous que je réagisse ? J'ai cru qu'on m'appelait d'Amérique au beau milieu de la nuit pour me dire que ma femme, mon ex-femme, était morte. Et je ne sais toujours pas qui vous êtes. Alors répondez, qui êtes-vous au juste pour me faire crier comme ça ? Son infirmière ou quoi ?

— César, si seulement vous me laissiez parler…

— Monsieur l'ambassadeur, c'est mon titre.

— Monsieur l'ambassadeur, je vous appelais seulement pour voir si vous pouviez m'aider. Je voulais savoir si vous connaissiez les associations caritatives nigérianes que Morayo soutient ou a pu soutenir ces dernières années.

— Quoi ? »

Interloqué, je regarde le téléphone. Elle a osé me raccrocher au nez ! Quel culot ! Comment ose-t-elle me poser des questions sur les affaires de Morayo ? Cherchait-elle à me soutirer de l'argent ? Était-ce une arnaque ? Cela fait des années que Morayo et moi ne sommes plus vraiment en contact. C'est drôle, je songeais justement à elle, comme toujours quand la date de son anniversaire approche. Je marmonne tout seul : « Pauvre idiot ! » Je n'ai même pas pensé à lui demander son numéro ; je n'aurais pas dû lui parler si grossièrement. Cette semaine, j'avais cherché Morayo sur Google pour voir s'il y avait du nouveau ; j'ai vérifié aussi que son manuel scolaire était toujours en vente. Je me souviens de sa fierté quand elle a publié ce livre, un an après son master. J'étais fier d'elle moi aussi, mais un peu jaloux, parce qu'elle semblait plus épanouie dans son nouveau monde académique que dans sa vie avec moi, à l'ambassade. J'aurais dû l'encourager, mais quand j'ai compris mon erreur, il était trop tard. Un beau jour, elle m'a annoncé de but en blanc qu'elle me quittait. En rentrant du travail, elle m'attendait, sa valise à la main. « Va-t'en, alors ! » lui ai-je crié, plus par dépit que par colère. Pendant des années, je l'ai rendue coupable de notre séparation. Chaque fois qu'on me demandait pourquoi elle était partie, je disais que, comme sa mère, elle avait fait une dépression à la mort de son père. Il était plus facile de la blâmer que de regarder en face les raisons pour lesquelles je l'avais perdue, surtout quand des rumeurs sur mes liaisons passées ont fait surface. Certains ont même insinué que Morayo était partie vivre à San Francisco parce qu'elle était tombée amoureuse d'une femme. Si c'était le cas, j'aurais eu beau faire, rien n'aurait pu sauver notre mariage. Si elle était née avec cette attirance, peu importait que j'aie déjà été marié, que je n'aie pas pu lui donner d'enfants, que mon travail ait cessé de l'intéresser. Cela voulait dire aussi que son attraction initiale pour moi était fondée sur autre chose que l'amour. Peut-être avait-elle vu en moi un moyen d'atteindre son objectif : vivre ailleurs et voyager à travers le monde. Pourtant, au fond de moi, j'ai toujours su que je ne pouvais pas me dédouaner complètement. Quel que soit le fondement de ces rumeurs, je sais qu'à une époque notre amour était bien réel. Je me souviens de sa façon amusante de rire du nez. De ses sourcils, malicieux, sensuels. Je me souviens de la chaleur de ses mains et de la froideur de ses pieds qui cherchaient les miens sous les draps. Quinze ans on est restés ensemble, M. et moi. Après notre séparation, elle ne s'est jamais remariée. Je croyais qu'elle le ferait, mais non. J'ai les yeux qui picotent. Je les ferme et palpe instinctivement la poche de ma chemise à la recherche de mes gouttes. Je penche la tête en arrière pour les humidifier quand je m'aperçois, surpris, que mes yeux sont déjà pleins de larmes.

12

« Merci, ma chérie, merci. » J'accueille avec effusion Sunshine qui vient d'entrer les bras chargés de livres. « Merci ! » En la voyant rester debout, je lui propose de s'asseoir sur la commode ou dans le fauteuil un peu crasseux. Je sais à quel point mon amie est maniaque et je ne peux m'empêcher de sourire quand elle se perche au bord du lit, près de moi. Elle craint de se salir tout autant que de me faire mal à la hanche, alors je me retourne sur le côté droit pour lui prouver qu'elle n'a pas besoin de prendre tant de pincettes, que je suis solide. Je lui raconte que, si elle était arrivée un peu plus tôt, elle aurait rencontré le responsable de mon rétablissement fulgurant. Je lui décris ma dernière séance avec le kiné, insistant sur le mal qu'il se donne pour se montrer respectueux tout en maintenant mes hanches bien alignées. Et comment il me recommande poliment de « serrer les fessiers », alors que la seule chose qui me préoccupe, c'est d'éviter de lâcher un gaz par inadvertance pendant l'effort. Je suis peut-être vieille, mais péter et roter en public, ce n'est pas du tout à l'ordre du jour ; du moins, dans la mesure de mes moyens. Cela fait rire Sunshine et je surenchéris, le pauvre homme ne devrait pas se soucier d'une vieille dame comme moi. Ce n'est pas comme si je prenais ça pour une tentative de flirt ni comme si je flirtais avec lui, ce qui n'est pas tout à fait la vérité. Je flirte, c'est évident, quand je plaisante sur mes genoux qui craquent et mes articulations trop raides, en espérant qu'il va me complimenter sur ma condition physique. J'ignore s'il sait que j'aimerais qu'il me félicite sur ma forme (mais bien sûr qu'il le sait, qui crois-je tromper ?), mais je progresse grâce à ses éloges et j'exécute diligemment tous mes exercices en forçant toujours un peu plus.

« Si je l'avais rencontré il y a vingt ans, il aurait craqué. Un seul coup d'œil sur mes fesses bien rondes et la courbe de mes hanches, et il n'aurait pas pu me résister. Il se serait fait tatouer mon nom sur la poitrine.

— Et toi, tu te serais fait tatouer le sien ? me demande Sunshine gaiement.

— Voyons, voyons, oui, sous mes pouces. Symboliquement, je glousse. Puisqu'on parle de tatouage, il a proposé de me présenter son artiste tatoueur.

— *Toi*, tu veux un tatouage ?

— Oui. »

Sunshine paraît choquée.

« Tu veux dire que pendant que je m'acharne à convaincre Zach que non, les tatouages, ce n'est pas cool, toi, sa grand-mère honorifique, tu envisages de te faire tatouer ?

— Qui te dit que ce n'est pas déjà fait ?

— Non ? »

J'éclate de rire en voyant sa tête.

« Non. Mais tu sais, quand j'étais jeune, tout le monde se faisait tatouer. Je veux parler de ces marques sur le visage qui permettaient de savoir d'où venaient les gens. Enfin, pas des tatouages comme on l'entend aujourd'hui, même si on en voyait aussi. Certaines femmes portaient des inscriptions vertes à l'intérieur du bras. Une façon comme une autre d'embellir le corps. Et puis, après ma naissance, on a jugé que les scarifications faciales et les tatouages d'amour, comme j'aime à les appeler, étaient trop primitifs. J'en voulais un, mais on me l'a interdit. Désormais, il y a des gens tatoués partout, tout le monde écrit sur son corps.

— Tu en veux toujours un ? Sur le visage ?

— Oh non, ma chérie, pas sur le visage. J'ai trop de rides, et puis il faut un peu d'élasticité pour un bon tatouage. Mais il reste encore plein d'endroits chouettes sur mon corps.

— Par exemple ?

— Tu verras, patience. Maintenant à ton tour, dis-moi, comment tu vas et comment vont mes garçons non tatoués ? »

Je m'inquiète parfois pour Sunshine avec sa tribu d'hommes et de garçons. J'aime bien Ashok, mais je crains que Sunshine ne se montre trop influençable, par désir de lui plaire. Je me revois jeune en elle et je l'encourage à s'affirmer davantage en évitant d'être trop autoritaire.

Quand Morayo me demande comment je vais, je lui réponds : « Ça va, même si Ashok veut encore me convaincre de reprendre mes études. » Je m'interromps en espérant qu'elle va me réconforter, me dire que mon mari a tort, que je ne devrais pas me forcer à suivre un troisième cycle. Mais elle ne fait aucun commentaire, alors, à contrecœur, je lui parle des garçons. Je lui raconte qu'Avi a présenté ses « révolutions » pour la nouvelle année, ce qui la fait rire. Zach a commencé l'aviron, ce qui me fait faire trois allers-retours par semaine de bon matin jusqu'à Marin. Je sors mon téléphone pour lui montrer quelques photos récentes. Morayo, qui a dû s'apercevoir que je regardais ma montre, insiste, je ne suis pas obligée de rester. Je me sens coupable et je proteste : j'ai tout mon temps.

« Je sais bien, ma chérie, je cherche juste un prétexte pour me plonger dans un de ces charmants romans que tu m'as apportés. »

Elle me fait un clin d'œil et examine le contenu du sac.

« Auster et Angelou ! J'adore. Et ça ? m'interroge-t-elle en regardant, intriguée, les autres livres. On dirait des Mills & Boon. »

Elle pointe du doigt le coffret.

« C'est plutôt à toi de me le dire, je les ai trouvés à côté de ton lit. »

Je souris, je suis sûre que Morayo fait semblant d'être surprise, mais pas du tout, elle ne sait vraiment pas de quoi il s'agit.

« Ahh ! fait-elle au bout d'un moment. Ce doit être la femme de ménage. Tu n'as pas connu Tina, je crois ? Que Dieu la bénisse ! Comme elle savait que j'aimais lire, elle m'apportait toujours de la lecture, même si ce n'était pas du tout le genre d'ouvrages que j'aimais. Bien entendu, je n'ai jamais pu m'en débarrasser, parce qu'elle s'en serait aperçue, tu comprends. Enfin, puisqu'ils sont là, je devrais m'y mettre, non ? Qu'en penses-tu ?

— Tu avais une femme de ménage ?

— Oui, ma chérie, mais c'était il y a très longtemps. Je sais ce que tu vas me dire, je sais que c'est un peu la pagaille dans mon appartement, mais j'ai eu le temps de réfléchir, ici. C'est drôle, plus on vieillit, plus on s'aperçoit qu'on ressemble à ses parents. Je me souviens qu'après sa retraite mon père ne sortait presque plus de chez lui. Il ne faisait plus grand-chose à part écouter la radio. Il ne voulait rien jeter, sa maison s'est vite retrouvée dans un désordre terrible. Tu as raison, mon appartement aurait besoin d'un bon coup de balai et d'une nouvelle femme de ménage et je compte m'en occuper, c'est promis.

— Ben, tu vois, j'ai déjà commencé un peu.

— Oh, Sunshine, tu n'aurais pas dû !

— Ce n'est rien. Il y avait juste pas mal de choses dont il fallait s'occuper. Par exemple cette lettre du SVA, tu vois ce que je veux dire ? Plus un tas de factures et aussi quelques relevés bancaires.

D'ailleurs, avec Ashok, on s'est un peu inquiétés à ce sujet…

— Oui, m'interrompt Morayo. Je sais de quoi tu veux parler. Les versements à une certaine association caritative qui s'est avérée une arnaque ? »

Je fais oui de la tête, soulagée qu'elle soit au moins au courant.

« Une erreur idiote, Sunshine, et je suis contente que tu le saches, vraiment, même si je n'en suis pas fière. J'aurais dû me montrer plus prudente. Tout est rentré dans l'ordre, maintenant, ma chérie, j'ai tout arrangé avec ma banque, ça ne se reproduira plus.

— Tu n'as aucune raison d'avoir honte. Dieu sait combien de choses embarrassantes j'ai partagées avec toi depuis qu'on se connaît. Mais tu aurais dû nous en parler, on t'aurait aidée. Ashok traite tout le temps ce genre d'affaires.

— Je sais, Sunshine. Tu vois, moi qui d'habitude suis si prudente, ce mail m'a touchée. Il n'y avait pas tous ces trucs typiques qui te font douter, pas de fautes d'orthographe bizarres ni de formules de politesse ampoulées, alors pas un instant je n'ai pensé qu'il pouvait s'agir d'une arnaque. Et tu sais combien tout ce qui s'est passé dernièrement au Nigeria m'a bouleversée. Si bien que j'ai sincèrement cru que ce mail était authentique, que l'argent irait aux victimes. Et après j'ai compris mon erreur. Je ne voulais pas t'embêter avec ça, tu es déjà bien assez occupée. Promis, je serai plus prudente à l'avenir.

— Tu peux toujours compter sur moi, Morayo, et sur Ashok aussi.

— Je sais, ma chérie, et je vous en suis reconnaissante à tous les deux, vraiment. »

Je saute sur l'occasion : « Écoute, tu m'as bien dit que ton appartement avait besoin de ménage, hein ? Ce qui veut dire que ce n'est pas juste moi et mes TOC. Alors voilà, pendant que tu étais ici, j'ai demandé à un ami de faire du tri dans tes affaires, de jeter quelques trucs, des trucs dont tu n'as pas besoin.

— Quels trucs ?

— Des vieux papiers, surtout ! Malheureusement, il y a eu un petit malentendu et il a aussi jeté certains de tes livres. Oh, juste quelques-uns !

— Mes livres ! s'exclame Morayo.

— Seulement ceux qui tombaient en lambeaux. Il y avait des souris chez toi, Morayo, elles avaient déjà grignoté tes papiers et même tes livres… »

J'hésite, mais en voyant son air alarmé je poursuis :

« J'ai demandé à Francisco de jeter tout ce qui était vraiment en mauvais état. Tu te souviens qu'on avait déjà fait un tri l'année dernière ? Et c'est comme ça que malheureusement, il a…

— Tu te débarrasses de mes affaires pendant mon absence ! crie Morayo, une expression d'incrédulité sur le visage.

— Je ne voulais pas en arriver là, mais ce n'était pas hygiénique et je voulais t'aider.

— M'aider à quoi ? hurle-t-elle. Tu aurais dû m'attendre ! Comment peux-tu savoir ce qui est important pour moi et ce qui ne l'est pas ? C'est ma vie, Sunshine ! Mes livres !

— Je suis désolée, Morayo, vraiment, je voulais juste t'aider. Tu as tellement de bouquins ! Il y en avait même certains en triple exemplaire.

— Évidemment ! De la même façon que tu as des douzaines de pantalons de yoga, de rouges à lèvres et de paires de chaussures. Que dirais-tu si quelqu'un venait fouiller dans tes affaires et se débarrassait de tout ce que tu as en double ou en trop ? Merde, ce n'est pas parce que, toi, il ne te viendrait pas à l'idée d'acheter plus d'un livre que tout le monde est comme toi. Et que je n'ai pas une bonne raison de le faire !

— Ce n'est pas ce que je voulais dire, je bégaie, décontenancée par son juron. Je suis désolée. Quand je m'en suis aperçue, j'ai fait tout ce que j'ai pu pour les récupérer. Je ne sais pas quoi te dire.

— Mais je me fiche de tes excuses ! Elles servent à quoi, maintenant ? C'était irresponsable de ta part. Idiot, inconsidéré.

— Inconsidéré ? je crie à mon tour en attrapant mon sac et mes clés de voiture. OK, très bien, je suis stupide et irresponsable, alors tu t'en sortiras sans doute mieux avec un curateur. »

13

Je fixe, sans un mot, la porte qui vient de claquer avant de lâcher un tel cri d'angoisse que Bella se précipite, paniquée, dans ma chambre : « Que s'est-il passé ? »

Elle tire sur le drap dont je me suis recouverte, la tête enfouie dans l'oreiller.

« Vous êtes tombée ?

— Non, réussis-je à articuler, en me retournant à contrecœur. Ça va.

— Votre amie est partie ? »

Je fais oui de la tête en me retenant de pleurer. Bella me prend la main.

« Je suis désolée, dit-elle. Vous savez, parfois, cela fait du bien de pleurer. Il vaut mieux que ça sorte, allez. »

On reste comme ça quelques minutes, moi à sangloter, elle à me tenir la main. Puis Bella me dit que Dieu m'aime, ce qui me fait presque craquer de nouveau.

« Je trouve que cela fait une différence, de croire en Dieu, affirme-t-elle. Les gens qui ne croient pas en Dieu, quand ils deviennent vieux, c'est plus difficile parce qu'ils sont en colère. Tout les dérange et ils ne comprennent pas les autres. »

Je hoche la tête. Ces paroles me rappellent mon père.

« Vous savez, continue-t-elle, j'aimerais construire une maison dans mon pays, vous voyez, une maison pour les personnes âgées. Mais mieux qu'ici. Parce que, dans mon pays, au Nicaragua, on a le soleil, une bonne cuisine, une bonne musique, aussi, des belles fleurs et des livres, vous savez. »

Elle se lève pour ranger les romans éparpillés sur ma couverture.

« Alors vous devez venir me voir dans mon pays.

— J'aimerais beaucoup, Bella », dis-je.

Puis, en faisant un effort pour paraître rassérénée, je sors prudemment les jambes du lit.

« Ce soir vous descendrez dîner, insiste Bella en me tapotant la main.

— Je vais essayer. »

Je lui souris. « Finies, les bouderies, me dis-je, finis, les doutes. » Je ne dois pas me laisser miner par cette histoire. Je vais simplement rentrer chez moi et régler les choses avec le SVA, la banque et mon appartement. Elle me prend dans ses bras et m'enveloppe de son parfum sucré.

« Dulce et Cabana », me répond-elle quand je lui demande ce qu'elle porte.

Je devine à son sourire qu'elle sait que je sais de quoi elle parle, que je connais ce parfum luxueux et classe. Elle me dit qu'elle n'a pas toujours eu la vie dure. Qu'à une époque, elle vivait à New York, dans

Manhattan, qu'elle avait les moyens de s'offrir des tas de choses et qu'elle avait même une femme de ménage. Elle me raconte aussi qu'elle a un diplôme universitaire, comme ses frères et sœurs, dont la plupart possèdent des villas à Managua.

« Dulce et Cabana, je répète en imitant la prononciation de Bella. Un doux refuge. C'est parfait. »

Puis le téléphone sonne.

« C'est mon amie, je lui murmure en couvrant le combiné. Sunshine.

— Sunshine, c'est bien », chuchote-t-elle en me disant au revoir d'un geste de la main.

Je m'excuse auprès de Sunshine, je n'aurais pas dû lui crier dessus. Je sais que j'ai dramatisé et que, contrairement aux apparences, je lui suis reconnaissante de ce qu'elle a fait pour moi. « Les livres, ça se remplace », lui dis-je en espérant qu'elle devinera combien il m'est difficile de l'admetre. Sans parler d'y croire. Mais elle ne semble pas le remarquer. Et même si j'en ai assez de l'entendre pleurnicher au téléphone, je me force à faire preuve de maturité, de sagesse, parce qu'à mon âge, c'est ce qu'on attend de moi. Je me répète qu'elle est encore jeune, qu'elle est débordée avec ses enfants. Je suis plus vieille, je dois être la plus raisonnable. Je devrais comprendre qu'elle a juste été négligente, qu'elle ne voulait pas me blesser, pas même quand elle a parlé d'un curateur. C'est pas faute de lui avoir martelé que je ne voulais pas que des inconnus s'occupent de moi, merde ! Que si ce devait être le cas, je préférerais trouver le moyen de me glisser doucement dans cette bonne nuit avant mon heure.

Elle le sait. Et si je comprends qu'elle parlait, tout à l'heure, sous le coup de la colère, je doute maintenant que, le moment venu, elle honorera mes souhaits. Mais je suis fatiguée de pleurer, alors, après nos au revoir, je vais me passer de l'eau sur le visage ; pas la peine de sombrer dans l'autoapitoiement. Ce qui est fait est fait. J'attendrai d'être de retour chez moi pour constater l'étendue des dégâts. « Pense aux oiseaux dans le ciel, me dis-je. Pense aux oiseaux dans le ciel. »

Pour me remonter le moral, je décide de me pomponner avant le dîner. Je me dis que ma veste de cuir rouge serait parfaite, et je fouille dans la penderie en murmurant « cuir-rouge-cuir-jaune », un exercice de diction de mon enfance. Mais celui ou celle qui s'est occupé de ma valise n'y a rangé que des vêtements ternes. Les seules touches de couleur sont un tee-shirt vert et un pull Walt Disney qui ne sont pas à moi. Je me demande si mes vêtements ne sont pas suspendus dans la penderie d'autres patients, et si ce tee-shirt et ce pull étranges n'appartiennent pas à des personnes récemment décédées. « Raison de plus pour m'habiller avec panache tant que je peux encore le faire », dis-je à voix haute tout en choisissant un pantalon et une blouse trop larges, peu flatteurs pour ma silhouette. Mais avec mes cheveux tressés en nœuds bantous, et mon rouge à lèvres, je ne suis pas si mal. Antonio adorait mon rouge Chanel. Bien, me voilà prête. Attends. Une dernière chose. Mon livre. Comme ça, si j'ai la malchance de me retrouver assise à côté d'un fou, au moins j'aurai de quoi m'occuper.

En entrant dans la salle à manger, j'entends un téléphone sonner. La musique est entraînante et j'enchaîne quelques pas joyeux en chantonnant :

« *Ain't nothing but a hound dog.*

Cryin all the time... »

Quand j'étais plus jeune, je me méfiais des personnes âgées qui prétendaient être « comme neuves ». Pourtant c'est exactement ce que j'éprouve. Mes hanches vont de mieux en mieux, et Elvis m'a donné envie de boire du chablis. Au lieu de ce pantalon quelconque et de cette blouse en coton, j'imagine que je porte une de mes tenues de cocktail. Par exemple ma robe en mousseline jaune agrémentée de plumetis. Mieux encore, je me suis glissée dans un fourreau blanc en satin de soie, avec une bordure dorée à la taille et un décolleté dans le dos. Cela expliquerait pourquoi tout le monde se retourne pour me regarder. C'était aussi celle qu'Antonio préférait. Il aurait peut-être changé d'avis si je lui avais avoué que César me l'avait offerte pour mon anniversaire. La salle de la Résidence devient floue et cède la place au vestibule de notre maison à Chanakyapuri.

De toutes les résidences d'ambassadeurs où j'ai vécu, c'était ma préférée avec son architecture moderne et ses jardins tropicaux qui me rappelaient Lagos. Je suis dans le hall décoré avec goût de tableaux et de sculptures. César tenait à promouvoir les meilleurs artistes nigérians et, grâce à son œil de connaisseur, nous possédions des œuvres d'Enwonwu et d'Onobrakpeya bien avant qu'ils ne soient cotés. C'est dans cette maison que, au début nité et l'apparat de ces dîners, pourtant, ce soir, j'aimerais revivre pendant un instant cette époque où je savais que toutes les têtes se tourneraient vers moi à mon entrée, que le personnel serait attentif à la moindre de mes demandes, si discrète soit-elle. Parce que moi, l'hôtesse, j'avais le pouvoir d'exiger au moins un verre. Quel est le pire qui puisse m'arriver si je demande du vin, maintenant ? D'un pas dansant, je me dirige vers une table vide quand des gens se précipitent vers moi. Dans la bousculade qui suit, je sens quelqu'un me saisir le poignet. Paniquée, imaginant un tremblement de terre, je cours me cacher sous la table. Et là, je sens qu'on me soulève.

« Mon déambulateur ? Vous voulez dire que tout ce cirque, c'est parce que j'ai oublié mon déambulateur ? »

des années 1970, nous avons reçu notre premier chef d'État accompagné de ses ministres indiens, de grands chefs d'entreprise et d'autres ambassadeurs. Donc je suis là à accueillir mes invités en offrant ma main gantée ou la joue à ceux qui préfèrent les embrassades. « Bonsoir, monsieur, bienvenue. Bonsoir, madame, quel plaisir de vous revoir ! Excellence, quel honneur… Je vous en prie, permettez-moi de vous présenter notre chef de gouvernement. » En même temps, je surveille d'un œil expert les bouquets d'orchidées et de fleurs d'oiseaux de paradis, mon personnel qui se faufile gracieusement parmi nos invités, des plateaux d'argent à la main remplis de canapés épicés. Je note mentalement quels invités présenter à d'autres, je me demande si je ne devrais pas changer de place le célibataire qui a été invité dans le seul but d'équilibrer le nombre d'hommes et de femmes autour de la table. Plutôt que de le placer à côté de la femme d'un banquier comme on m'a conseillé de le faire, je décide de l'installer près de la jolie Olivia qui paraît en avoir plus qu'assez de son pontifiant ambassadeur de mari. Et la soirée se poursuit en bavardages superficiels, comme toujours dans ces dîners officiels, jusqu'au moment où les hommes se retirent pour discuter de choses *importantes* et les femmes se retrouvent seules pour échanger potins et griefs contre leurs domestiques. En général, j'en profitais pour m'éclipser dans les jardins et y fumer en douce ou bien faire un petit tour prolongé dans les toilettes pour dames où j'avais toujours un livre de poésie. J'ai rarement regretté la solen-

14

J'étais déjà assis à côté de Pearl quand j'ai vu le personnel se ruer sur Morayo et son expression choquée, gênée alors qu'on l'asseyait dans un fauteuil roulant. Ils l'ont conduite jusqu'à notre table et je ne sais pas quoi dire. J'hésite entre la rassurer et faire comme si je n'avais rien remarqué pour ne pas l'embarrasser davantage. « Ne faites pas attention, lui dis-je, ils ont peur des procès, c'est tout. Je vous ai vue marcher dans les couloirs, vous vous débrouillez très bien. Toute cette scène de panique, c'était complètement injustifié. Et je vous prie d'excuser les applaudissements de Pearl, elle s'agite toujours un peu quand il y a du mouvement. »

Une fois nos assiettes servies (ce soir, c'est un curry), je passe le panier de *papadums* à Morayo. Je me réjouis de son bel appétit et lui confie que les repas sont toujours meilleurs avec le cuisinier qui remplace le chef parti en vacances. Quand elle me demande comment je sais tout ça, je lui explique que je viens depuis bientôt un an : « Je viens ici pour être avec Pearl qui a la maladie de Parkinson avec pertes de mémoire. Elle va beaucoup mieux depuis qu'elle est entre de meilleures mains que les miennes. » Je me tourne vers Pearl, mais, comme elle ne nous écoute pas, je reviens vers Morayo : « Le pire pour elle, enfin, pour nous, ça a été quand elle a compris qu'elle oubliait des choses. Ça a été très dur, mais on a dépassé ce stade, c'est donc beaucoup moins stressant. » Je m'efforce d'adopter un ton joyeux, tout en surveillant Pearl qui envoie maintenant des baisers papillons à l'homme assis à l'autre bout de la salle.

« Cela doit être dur, déclare Morayo. Mais vous avez un effet très apaisant sur elle, ça se voit.

— Merci, c'est gentil. »

Je souris, mais parfois Pearl va plus loin et elle essaye d'embrasser pour de bon ces hommes. Elle n'y peut rien, elle ne cherche pas à me blesser, pourtant je me sens quand même trahi chaque fois. Je poursuis pour détourner l'attention de Morayo qui observe les simagrées de Pearl :

« Vous me semblez très posée vous-même. Vous ne paraissiez pas impressionnée tout à l'heure. Tout le monde a paniqué, mais vous, vous êtes restée sereine.

— Le mot "ahurie" serait plus approprié, je crois. En réalité j'ai cru qu'il y avait un tremblement de terre. Mais j'aime bien ce mot, sereine, comme si on pouvait voler ou flotter dessus, seeereine. »

Je l'observe, perplexe, tandis qu'elle tend les bras pour imiter les ailes d'un avion.

« Puis-je vous demander ce que vous lisez ?

— *Chronique d'hiver* », soupire-t-elle en sortant le roman coincé sur un côté du fauteuil roulant.

Je ne sais pas si elle soupire à cause de ce qui s'est passé tout à l'heure ou parce qu'elle préfère ne pas parler du livre, si bien que je marmonne quelque chose sur le personnel qui peut se montrer si casse-pieds, parfois.

« Il y a des jours comme ça, dit-elle en insistant pour que je prenne l'ouvrage. C'est de Paul Auster. Vous connaissez ?

— Je regrette, mais je lis peu de fiction, contrairement à Pearl qui aimait beaucoup lire. Elle aime toujours, d'ailleurs, à sa façon. C'est dommage qu'elle ne soit pas en état de vous en parler, je suis sûr qu'elle connaît », dis-je même si je soupçonne le contraire.

Pearl a toujours aimé les polars et les romans sentimentaux, et ce livre-là ne ressemble ni à l'un ni à l'autre. Mais je ne vois pas ce qu'il y a de mal à la faire paraître plus littéraire qu'elle ne l'était alors que sa démence l'a tellement infantilisée. Comme si elle m'approuvait, Pearl se tourne vers nous et se penche pour scruter le livre. Nous le feuilletons ensemble et j'aperçois quelques notes manuscrites.

« C'est de vous ? dis-je avant de m'apercevoir que ma question peut paraître indiscrète.

— Oh, ce n'est rien, vraiment, j'essayais juste de copier le style de l'auteur, explique Morayo avant de reprendre son bien.

— Allons, dis-je à Pearl qui ne veut pas lâcher le livre et se cramponne à un bout.

— Voulez-vous que je vous lise un passage ? » propose Morayo.

Pearl sourit. Morayo hésite en cherchant une confirmation de ma part. Mais Pearl s'assoit à côté d'elle et lève des yeux pleins d'espoir exprimant clairement ce qu'elle veut. Je suis gêné par son comportement puéril, et par le fait d'être gêné, mais Morayo semble n'avoir rien remarqué. En souriant, elle invite Pearl à choisir une page. Puis elle lui lit un extrait et nous explique qu'elle admire la façon dont l'auteur décrit sa vie à travers l'histoire de son corps.

« C'est ce qui m'a incitée à faire la même chose, mais du point de vue d'une femme », déclare-t-elle.

S'adressant à Pearl, elle lui demande si elle veut qu'elle continue à lire. Cette fois, elle lit ses notes : « Ton corps, joyeusement accroupi près des buissons et des arbustes, élaguant, taillant, chassant sans répit les cafards et les mouches blanches. Ton corps penché pour retourner le matelas, faire le lit, fourrer les vêtements dans le lave-linge puis soulever le lourd panier sur ta hanche. Ton corps se baissant et se redressant pour suspendre chaque pièce, à l'envers, sur la corde à linge, les pinces coincées dans ta bouche. Ton corps de fillette, culbutant, roulant, faisant la roue et titubant dans les escarpins trop grands de maman. Ton corps… » Les applaudissements de Pearl l'interrompent.

« Vous écrivez magnifiquement, dis-je à Morayo, et je crois que Pearl a l'impression d'être l'auteur de ces lignes.

— Eh bien, c'est merveilleux, répond-elle en souriant tandis que Pearl fait une révérence et reprend ses envois de baisers. Je me rends compte à quel point mes étudiants me manquent… Mais vous la laissez partir ? s'inquiète-t-elle en voyant Pearl s'éloigner.

— Ne vous en faites pas, ce soir c'est atelier musique. Pearl adore chanter, et le personnel la surveille. C'est la seule chose qu'elle n'oublie jamais. En parlant de livres, vous pourriez me conseiller ? J'ai pas mal de temps libre en ce moment, cela me ferait du bien de lire un peu.

— J'étais professeur de littérature, donc ma liste risque d'être longue et pas très moderne.

— Parfait, je ne suis pas franchement un homme très moderne. »

C'est ce genre de conversations qui me manquait. Ça fait du bien de parler de choses qui n'ont rien à voir avec la douleur ou la progression de la maladie. Le cancer. Le diabète. La démence. Elle parle avec tant d'assurance de la littérature ! Je ne profite pas seulement du contenu de ses propos, mais de son doux accent et de ce ton réfléchi qui accompagnent toutes ses paroles soupesées avec soin. Elle a de jolis ongles vernis qui témoignent de son élégance sophistiquée. Elle commence avec des œuvres connues. J'en ai lu certaines à l'école mais je les ai oubliées depuis. Puis elle fait la liste de ses auteurs africains préférés et en cite quelques-uns des Caraïbes. Elle me demande si j'en suis originaire.

« Oui, bien vu. Je viens du Guyana, mais j'ai bien peur de savoir peu de chose sur nos écrivains, même les plus connus comme Walcott et Rhys. (J'espère que ces noms font leur petit effet.) Il est grand temps que je les lise, et je suis sûr que je peux en trouver à la bibliothèque.

— Ou bien je peux vous les prêter, dit-elle en s'interrompant un instant avant de me demander ce que je fais.

— Ce que fait Reggie ? Eh bien comme vous, je suis professeur. Du moins, je l'étais avant de prendre ma retraite. Je donnais des cours de développement politique et économique axés sur les Caraïbes. Contrairement à vous, en toute franchise, je ne peux pas dire que l'enseignement me manque. Mais j'aimais beaucoup l'ambiance universitaire. »

Puis je change de sujet de peur qu'elle ne me pose d'autres questions, je ne veux pas avoir à avouer qu'on ne m'a jamais proposé une titularisation. Puisque Morayo semble très intéressée par mon pays natal, je lui parle de mon enfance et de ma rencontre avec Pearl. Son attention me flatte d'autant plus que personne à la Résidence ne m'a interrogé sur ma vie depuis que j'y viens. Je suis assez sage cependant pour ne pas laisser la conversation trop s'attarder sur moi. J'entends encore ma mère me dire : « Ne sois pas idiot, Reginald, va pas t'imaginer que les femmes aiment le son de ta voix, mon gars. Tout ce qu'elles attendent, c'est que le mec la boucle enfin. » Je demande à Morayo combien de temps elle a enseigné et ce qu'elle faisait avant. Je m'émerveille à l'énoncé de toutes les villes où elle a vécu. Elle me dit qu'elle était autrefois femme de diplomate. Je lui réponds que cela ne m'étonne pas, cela se voit à sa grâce, mais elle insiste, elle n'était pas la plus gracieuse des épouses de diplomate.

« D'abord, j'avais du mal à me passionner pour les menus et tout le protocole qu'il faut observer. Donc cela ne faisait pas de moi une bonne hôtesse, et ce genre de choses était important à l'époque. Mais plus que tout, je pense que je ne suis pas une diplomate-née.

— C'est grave ?

— Quand on est femme d'ambassadeur, oui, soupire-t-elle, alors que, pour enseigner, j'ai découvert que ce n'était pas utile. Oh, mes étudiants me manquent tellement ! Vous avez des enfants, Reggie ?

— J'ai un fils, Anthony. Il a fini son MBA et travaille chez Goldman Sachs. Il est bien plus intelligent que son vieux père. Pearl en a quatre de son côté. Et vous ?

— Non, je n'ai pas d'enfants, même si je considérais beaucoup de mes étudiants comme tels. Anthony, quel joli prénom… »

15

Ce prénom m'a bien entendu fait penser à Antonio, et je me disais que ce serait chouette de partir en voyage dans cette partie du monde, quand j'ai remarqué que la salle s'était vidée. Nous étions seuls. « Nous devrions y aller », dis-je à Reggie qui doit sans doute aller dire au revoir à sa femme tandis que je ferais mieux de regagner ma chambre. « Oh, je pense que je peux me débrouiller, vous ne croyez pas ? De toute façon, il n'y a plus personne », suis-je en train d'ajouter lorsqu'il se place galamment derrière moi, prêt à pousser cette fichue chaise roulante.

« Le personnel risque de réapparaître illico s'il vous voit debout. Je vous proposerais bien de grimper sur mon dos, mais vous êtes plus grande que moi.

— Et plus lourde aussi ! fis-je en riant. Vous risqueriez de me lâcher, ce qui donnerait au personnel de vraies raisons de s'inquiéter. Non pas que je mette en cause votre force, bien sûr.

— Non, bien sûr, se moque-t-il, vous êtes bien trop diplomate pour ça.

— Exactement ! Mince alors, je ne sais pas à quand remonte la dernière fois que je suis montée sur le dos de quelqu'un… »

Soudain, ça me revient.

C'était à Londres, le 1er octobre 1965, à la fête de l'Indépendance nigériane. J'étais invitée dans une soirée très chic, avec la crème de la jet-set de Lagos ; l'attraction principale en était César, la seule raison de ma présence là-bas. J'avais fait sa connaissance quelques semaines plus tôt, au British Council où il avait été invité à donner une conférence. Il portait une chemise blanche parfaitement amidonnée et embaumait une lotion après-rasage étourdissante, il se montrait très attentionné, très diplomate, tout à fait à la hauteur de son impérial homonyme. Grand, mince, les pommettes saillantes, il possédait un air de sophistication naturelle irrésistible. Et il m'avait choisie, moi, parmi tant d'autres. C'était presque trop beau pour être vrai. Après la fête, il m'avait invitée à son hôtel. Comme il pleuvait, il m'avait fait grimper sur son dos pour éviter que mes fragiles escarpins en daim noir – achetés spécialement pour l'occasion – ne prennent l'eau. Nous avions attendu un taxi, moi les bras passés autour de son cou, le nez enfoui dans cet exquis mélange de lotion, de cigarette et de brillantine. Il s'était penché en arrière pour caresser ma joue et m'avait fait gentiment rebondir sur son dos. Plus tard, au Dorchester, nous avions rebondi ensemble sur ses draps blancs, moi, inquiète, mal à l'aise.

C'était ma première fois et, gênée par le bruit des ressorts, j'avais peur que les voisins ne nous entendent. Personne ne m'avait prévenue que je saignerais, et voici de quoi je me rappelle : César couvrant d'une serviette les draps tachés de sang et m'emmitouflant dans les couvertures pour me réchauffer. Il s'était retiré à temps, donc aucune raison de s'inquiéter, m'avait-il rassurée d'un ton amoureux. Mais bien entendu, j'étais terrifiée. Les jours suivants j'avais surveillé l'apparition de mon cycle menstruel en priant. Si je tombais enceinte, quelle honte ce serait pour mon père ! César en riait disant qu'il était sans doute trop vieux de toute façon pour avoir des enfants. Il était mon roc à cette époque, jamais je n'aurais pu imaginer qu'il ne s'inquiétait pas de ne pas avoir d'enfants, parce qu'il en avait déjà plusieurs.

Nous étions déjà mariés depuis plusieurs années quand César m'a déclaré tout de go un jour que ma façon de faire l'amour était « maternelle ». Maternelle. Il n'aurait pu choisir pire qualificatif, un vrai coup de poing en plein utérus. « Je ne dis pas ça pour te critiquer, avait-il ajouté. Je viens juste de le remarquer. » Il pouvait faire ce genre de comparaisons parce qu'il avait eu de nombreuses femmes, que pouvais-je bien en savoir, il était mon premier et seul amant. Mais je sentais que quelque chose n'allait pas quand il m'embrassait, qu'il enfonçait sa langue dans ma bouche, qu'elle s'impatientait face à ma résistance, s'agitait en donnant des coups de boutoir insatisfaits. Je devinais en lui le désir irrépressible d'un amour plus intense, plus érotique, et j'étais malheureuse de ne pouvoir y répondre. Un matin, incapable de faire semblant d'apprécier nos sessions de copulation bihebdomadaires, j'ai mordu sa lèvre si violemment qu'elle s'est mise à saigner ; au lieu de m'interrompre pour le soigner, l'embrasser gentiment, d'une façon maternelle, j'ai ignoré sa coupure et je lui ai enfoncé ma langue dans la bouche. Je voulais le faire reculer. Je voulais qu'il se montre plus tendre, plus patient. Au lieu de quoi il a interprété ma colère pour de la passion et a voulu se montrer à la hauteur de ce qu'il imaginait. Comment lui expliquer que son irrépressible envie de mon corps me rendait furieuse ?

Par contraste, la tendresse d'Antonio, ses gestes hésitants, timides, quand il osait parfois me toucher, me faisait me sentir pleine de vie. Souvent, quand le public, fasciné, écoutait César, penché en avant pour boire la moindre de ses paroles, je me reculais sur ma chaise et je m'imaginais à mille lieues de là, dans une galaxie lointaine où personne d'autre n'existait à part Antonio. Nous ne pouvions nous éclipser que rarement lorsque nous nous croisions à des soirées, et nous nous en étions toujours tenus aux limites des baisers et des caresses. Mais cette modération imposée nous rendait encore plus fous de désir. Nous savions tous les deux qu'un jour nous irions plus loin, que dans un moment de grand érotisme ou romantisme nous larguerions toutes les amarres qui nous entravaient et passerions à l'acte. En nous roulant dans une prairie anglaise ou sur une plage méditerranéenne de rêve ou bien, par goût de la nostalgie, au fond d'une salle de cinéma, en laissant quelques rangées libres entre nous et les autres spectateurs. Et que ceux qui nous trouveraient trop dérangeants changent de place. Ou bien, s'ils préfèrent, qu'ils regardent nos deux corps s'emmêlant pour ne faire qu'un tandis que le film se déroule dans notre dos. Bien entendu, la première fois que nous avons fait l'amour, ça n'a été ni dans un lieu glamour ni dans un lieu osé, mais sous un panneau d'instructions à suivre en cas d'incendie dans la banale chambre d'hôtel qu'occupait Antonio à Paris. Là, dans la chambre 212, l'écriteau « Ne pas déranger » accroché à la porte, j'ai ôté ma robe qui a glissé au sol avant de m'avancer pour calmer Antonio. Je l'ai pris doucement dans mes bras, j'ai caressé les plis de sa chemise bleu pâle avant de l'arracher brusquement, les boutons sautant comme des bouchons de champagne, alors que nous tombions tous les deux sur la moquette, insatiables.

En attendant l'ascenseur qui nous ramènera à nos chambres, Reggie, les mains posées sur les poignées du fauteuil roulant, me demande ce que je compte faire pour mon anniversaire.

« Une intuition », répond-il, narquois, quand je veux savoir d'où il tient ça.

Il pointe du doigt le panneau à côté de l'ascenseur, un peu trop loin pour que je puisse le déchiffrer. Il me dit que les anniversaires du mois y sont notés.

« Ils s'occuperont de votre gâteau en cuisine. Tout ce que vous avez à faire, c'est leur dire ce que vous aimez. Vous pouvez même exiger le nombre requis de bougies.

— J'espère qu'ils ont un stock bien fourni. Parce que, dans ce fauteuil roulant, j'ai l'impression d'avoir cent un ans », je plaisante.

J'ai presque failli oublier mon anniversaire. Comme c'est déprimant de penser que je vais le fêter ici. Mais j'espère bien que je ne serais plus ici la semaine prochaine ! Le kiné a dit que je devrais pouvoir rentrer chez moi dans quelques jours et je m'accroche à cet espoir. Au cas où, après que Reggie m'a raccompagnée, je retourne dans la salle à manger. Sans fauteuil roulant et sans ce fichu déambulateur.

16

Être chef cuisinier dans une maison pour vieux, ça n'a rien de très excitant. Ce n'est pas comme bosser dans un restaurant branché avec des célébrités qui deviennent tes potes. Rien de tout ça ici. Pas de gens connus sauf si on compte la mère d'une cantatrice, mais je l'ai jamais vue. Le seul chanteur d'opéra que je connais, c'est Pavarotti et il est mort, pas vrai ? Faut dire qu'il y a rien de chic ici question clientèle, et la bouffe est pas très raffinée non plus. Ni caviar, ni foie gras, ni truffes, alors que ce serait parfait pour les vieux. Facile à mâcher, léger à digérer. Je dois me débrouiller avec le basique et, en fait, ça me va. J'ai pas été à l'école du Cordon Bleu. J'ai appris de ma maman et puis le boss m'a donné des références. N'empêche, mes principes, les vrais, ils viennent de la rue, de mes voisins, de m'man. Je suis le meilleur pour te sortir un truc génial à partir d'un plat ordinaire. Tu goûtes une fois à ce que je fais, je te jure, tu en redemandes. En même temps, c'est pas dur, ils sont franchement pas exigeants, ici. En plus, il y a pas vraiment de pression : on sert la même chose à tout le monde à la même heure. Tout ce qu'on me demande, c'est de pas dépasser le budget, que les repas soient diététiques et que personne tombe malade. Les vieux avec la chiasse, c'est pas terrible. Le directeur me l'a bien fait comprendre, quand je suis en cuisine, il n'a aucune plainte, la boîte à réclamations est vide. Mais j'ai pas besoin qu'il me le dise. Je vois bien que mes repas plaisent, il y a très peu de restes. C'est moi le top chef, ici. « Eh merde ! » je crie en me retournant, surpris de voir une femme, sortie de je ne sais où, juste derrière moi. Depuis combien de temps elle est là à m'écouter débiter toutes ces conneries à voix haute ?

« Pardonnez-moi l'expression, m'dame, mais j'vous avais pas vue. Ça va ? Vous vous êtes perdue ?

— Je suis désolée de vous avoir fait peur, dit-elle en me regardant comme si c'était moi le cinglé.

— Nan, c'est rien, j'ai pas eu peur. J'm'attendais pas à vous voir, c'est tout.

— Je suis venue vous remercier pour le dîner. C'était délicieux.

— Merci, dis-je en souriant. C'est la première fois qu'on vient me le dire. J'apprécie.

— Alors, c'est quoi votre secret ? Parce que j'ai entendu dire que vous étiez le meilleur cuisinier de la ville.

— À cause de c'que vous m'avez entendu dire ?

— Non, c'est ce que tout le monde affirme ici.

— Ah bon ? J'aime bien rendre les gens heureux, et la meilleure façon de le faire pour moi, c'est la bouffe. Au fait, moi, c'est Toussaint.

— Ravie de faire votre connaissance, Toussaint, dit-elle en me serrant la main. (Elle a une bonne poigne.) Moi, c'est Morayo et j'aime beaucoup votre prénom.

— C'est ma mère, elle était prof d'histoire, c'est comme ça qu'elle a choisi. Mais vous n'êtes pas d'ici, pas vrai ?

— Non, je suis juste en convalescence.

— Vous avez un accent.

— Oh ! rigole-t-elle. Je croyais que vous me demandiez si je vivais ici, à la Résidence. Je viens du Nigeria, c'est là où je suis née.

— Sérieux ? L'Afrique, quoi ! C'est top ! Ma maman, elle a toujours voulu nous emmener dans la mère patrie. Alors c'est comment ? » je lui demande en me penchant pour éteindre la radio. Et puis je change d'avis et je cherche une autre station. « J'ai toujours voulu connaître l'Afrique ; on entend des tas de trucs dessus, mais en vrai, on sait pas à quoi ça ressemble.

— C'est comme partout, Toussaint. C'est fantastique, dingue, merveilleux et frustrant, parfois tout ça en même temps.

— Il y a autant de racisme qu'ici ?

— Non. Dans certains pays du continent c'est le cas, mais pas en Afrique de l'Ouest. Vous devez y aller un jour, Toussaint. »

J'adore la façon dont elle prononce mon prénom.

« C'est sûr, j'aimerais bien. »

Je bats le rythme avec mon pied.

« Et vous avez des bons sons en Afrique, hein ? C'est bien de là que vient Fela ?

— Exact ! dit-elle, tout en chantonnant.

— Vous connaissez cette chanson ? »

Je monte le volume en la regardant, stupéfait, balancer ses hanches et faire claquer ses doigts.

« Evelyn Champagne King ! »

Elle a enlevé ses chaussures et j'aperçois des bagues d'orteil. Là, je me demande quel âge elle a. Sa manche a glissé sur son épaule alors qu'elle swingue, en dévoilant la mince bretelle d'un soutien-gorge rose sexy. J'en reviens pas, je la voyais pas avec ce genre de truc. J'me sens un peu bouillonner en la regardant danser, ce qui me surprend et me fait peur.

« Alors, elle est comment la bouffe en Afrique ?

— Je n'ai pas le niveau d'un chef, mais j'adore manger, et notre continent offre une variété incroyable de recettes. Au Nigeria, il y en a tellement et elles sont si délicieuses que c'est difficile de savoir par où commencer. Et presque tout est épicé, c'est pour ça que j'ai autant apprécié ce que vous nous avez préparé ce soir. D'où vous vient l'inspiration ?

— Oh, j'adorerais voyager, trouver encore plus d'inspiration, mais pour l'instant, je crois que j'apprends juste comme je peux, en m'inspirant des recettes de ma maman et en goûtant des trucs nouveaux partout où j'me balade. J'aime bien essayer des choses que je connais pas, créer mes propres plats. Je cherche ce qui a du goût, ce qui réveille tous nos sens. Vous voyez ce que je veux dire ? Les parfums, la présentation, tout ça, c'est important. Quand je suis ici, je fais attention parce que j'ai habité avec ma grand-mère, je sais, par exemple, que si les gens ont des dentiers, les aliments doivent pas être trop durs à mastiquer. Une mauvaise digestion signifie que les plats doivent pas être trop épicés et qu'il faut y aller mollo sur les oignons. Pour être tout à fait honnête avec vous, si j'avais cuisiné le curry juste pour moi ce soir, il aurait été bien plus relevé. Mais j'l'ai adouci pour que ça aille à tous, en lui gardant ses saveurs.

— C'est vous qui choisissez le menu ou vous suivez des consignes ?

— En général, le chef prépare le menu pour la semaine, mais comme il est parti, j'fais un peu d'impro avec ce que j'ai sous la main. J'avoue que j'aime pas beaucoup les menus suggérés. Ils sont ennuyeux et démodés. Je les change la plupart du temps. Comme aujourd'hui. »

Je m'interromps pour aller chercher le menu et lui montrer c'que j'veux dire.

« Vous voyez, aujourd'hui on devait avoir une salade verte aux herbes, du poulet grillé aux herbes, une quiche aux quatre oignons et une tarte aux pommes. Mais franchement, vous pouvez pas avoir deux tartes et deux trucs aux herbes. Elle est où la variété là-dedans ? En plus, un truc à quatre oignons, c'est juste pas possible. Donc j'l'ai fait à ma façon, comme une mixtape culinaire : j'utilise des morceaux connus, mais les beats, les fondus et les enchaînements sont à moi. J'ai préparé un curry léger et une salade de fruits frais. J'aime bien cuisiner en fonction des saisons, créer des plats assortis. C'est comme pour le dîner d'anniversaire, la semaine prochaine. Vous voyez, le chef a écrit poisson du jour et pâtes au beurre, mais j'trouve ça trop lourd. Et, à mon avis, le poisson ça va pas avec les nouilles, donc si je suis encore là la semaine prochaine, je ferai plutôt un truc genre tacos au poisson fumé et quelque chose de bien pour le dessert, mais pas une pêche melba comme il le suggère. J'veux dire, c'est pas parce que c'est des vieux ici, j'parle pas pour vous, hein, que le menu doit être ringard. J'sais pas, j'me disais une forêt-noire ou une tarte…

— Si je suis toujours là la semaine prochaine, j'espère vraiment que vous le serez aussi, parce que c'est mon anniversaire.

— C'est vrai ? Alors j'vais faire un truc *extra* spécial. Vous aimeriez quoi ? Un gâteau à la carotte, au chocolat ? Ou des beignets ou des cupcakes, si vous préférez.

— Vous savez ce qui me ferait vraiment plaisir, Toussaint ?

— Je vous écoute. »

Mais je me dis que je vais lui faire une surprise et trouver quelque chose de son pays, un fruit africain par exemple que j'irai chercher au marché musulman ou à l'épicerie asiatique.

« Ce que je voudrais vraiment, c'est que mon ami Amirah fasse des baklavas. Il faudrait juste aller les chercher. C'est ça que j'aimerais. Ils sont tout simplement divins, vous les adorerez, Toussaint.

« Pas de souci, je suis sûr que ça peut se faire.

— Génial ! »

Elle me fait un clin d'œil.

« Génial ! » je répète et, sans même y penser, je lui fais aussi un clin d'œil.

17

Quand Toussaint m'a demandé à quoi ressemblait l'Afrique, je lui ai parlé de toutes ses merveilles en lui rappelant, comme je le faisais avec mes étudiants, que l'Afrique n'est pas un pays, mais un continent aussi varié, voire plus, que l'Europe. Je voulais qu'il se sente fier de ses origines. Qu'il sache qu'il y a des pays où un homme noir peut marcher librement sans avoir peur à cause de la couleur de sa peau. Je lui ai décrit toutes les choses positives : le climat, la nourriture, les paysages spectaculaires, mais surtout je lui ai parlé de la convivialité des Africains. Je lui ai aussi expliqué que c'est un continent moderne, qu'il y trouverait des centres commerciaux comme en Amérique. « Alors si tu te décides à y aller un jour, préviens-moi, et je te brancherais avec du monde. » Le brancher, voilà que je me mets à parler comme si j'avais vingt ans alors qu'en réalité je ne connais plus personne de cet âge à lui présenter. Je ne l'ai pas seulement invité à visiter le Nigeria, mais tout le continent, comme si c'était mon domaine, ma maison. Je l'ai invité comme s'il était de ma famille, comme s'il était mon fils.

De retour dans ma chambre, allongée sur mon lit, je ferme les yeux pour mieux imaginer ma bibliothèque et le dos de mes amis écrivains. Je dresse mentalement une liste des livres que je compte prêter à Toussaint. Je pense à James Baldwin, Ralph Ellison, Ernest J. Gaines et aussi C.L.R. James, même si je suis à peu près sûre que la mère de Toussaint lui a déjà lu *Les Jacobins noirs*, donc celui-là ne sera sans doute pas nécessaire. Il s'intéresse tellement à l'Afrique, si je lui suggérais quelques titres sur le Nigeria ? J'en ai sur Fela. Et aussi des livres qui parlent de cuisine et de chefs ? Je pourrais lui prêter *La Route de la faim* de Ben Okri et un livre de Zola dont le titre m'échappe. Cette mémoire ! Tout ça c'est très bien si Toussaint a une véritable passion pour la gastronomie. Et si ce n'était pas vraiment le cas ? S'il n'aimait pas vraiment son travail ? S'il travaillait seulement pour joindre les deux bouts et rêvait d'autre chose, d'une meilleure carrière ? Je m'endors en pensant à lui et à mes livres.

Le lendemain matin, souriant aux lambeaux évanescents de mon rêve, je pars à la recherche de Toussaint. Il n'est pas en cuisine, alors je retourne dans la salle à manger et m'assois à côté de Pearl et de Reggie.

« Où est passé notre merveilleux chef ? répète Pearl après que j'ai posé la question à son mari.

— Il n'est pas encore là, chérie, répond Reggie.

— Il est allé où ? insiste Pearl.

— Je ne sais pas, bébé.

— Un bébé ? Un bébé ? répète une femme à notre table.

— Bébé, prends-moi dans tes bras, ah, ah, chantonne Pearl.

— Bébé ? recommence la patiente en cherchant autour d'elle.

— Non, Donna, il n'y a pas de bébé, explique Reggie. Tu as mis ton APPAREIL, Donna ?

— Bébé, prends-moi dans tes bras, ah ah. »

« Quelle folie ! » me dis-je. C'est de la pure folie, ici. La vieillesse est un massacre. Pas de place pour les chochottes. Pas de place pour les chansons d'amour. Pas de place pour les rêves. Surtout pas les rêves érotiques avec un homme qui a la moitié de mon âge. Perdue dans mes pensées, je mets un moment avant de remarquer la dispute qui s'envenime, quand j'entends une voix furieuse déclarer :

« Mais regardez-les, ces Noirs ! Soit ils sont en prison, soit ils traînent à rien faire, le pantalon au ras des fesses. Ils sont bruyants, ils sont grossiers et ils sont dangereux.

— Ça vous arrange bien de penser ça, hurle Reggie, parce que vous êtes un raciste et un bigot !

— Je me contrefous de votre opinion. Tout ce que je sais, c'est que mes petites-filles ne peuvent même pas jouer dans le jardin de l'autre côté de la rue à cause de tous ces voyous de Noirs.

— Vous, menace Reggie en repoussant sa chaise. Vous ! »

Je me penche vers lui de peur qu'il ne fasse une bêtise, mais il se contente de garder l'index pointé sur l'homme.

« Reggie, dis-je en le voyant se lever, furieux. Et Pearl ?

— Ça va aller ! crie-t-il. Il y a plein de Blancs ici pour s'occuper d'elle.

— Reggie ! »

Je me lève pour le suivre.

« Quoi ? aboie-t-il en repoussant ma main de son épaule. Oh, je suis désolé, vraiment désolé, répète-t-il en se tournant à contrecœur vers moi.

— Non, ce n'est pas à vous de vous excuser. »

18

En temps normal, j'aurais ignoré ce vieil homme et son racisme au vitriol. Je sais que cela ne sert à rien de discuter avec des gens comme ça, mais quelque chose aujourd'hui m'a fait perdre mon sang-froid. C'était peut-être la chansonnette idiote de Pearl, ou les interruptions incessantes de Donna qui rendaient impossible toute conversation avec Morayo. Ou bien j'avais peut-être juste faim. C'est sans doute la combinaison de tous ces éléments et mon amitié pour le chef cuistot qui m'ont fait exploser quand le vieux a déclaré, assez fort pour que toute la salle l'entende, que certaines personnes sont nées irresponsables et qu'il y avait quelque chose de fondamentalement tordu dans « leur culture ». C'est comme ça qu'il a expliqué l'absence du chef : en le rangeant lui et tous les Noirs dans la même catégorie d'irresponsables et de sauvages. J'étais tellement hors de moi que j'aurais pu le frapper si Morayo n'était pas intervenue. Ce jour-là, je suis parti plus tôt que d'habitude et j'ai sauté tous les repas de la semaine pour ne pas le revoir. À cause de lui, j'ai raté le dîner d'anniversaire hier soir, j'ai raté la fête de Morayo.

L'autre jour, quand j'avais vu son nom affiché sur le panneau, je m'étais dit que je lui offrirais un livre. J'étais allé à la bibliothèque dans ce but, si je voyais quelque chose de bien, je me servirais. Comme presque personne ne l'utilisait, je ne voyais pas qui cela pouvait gêner si un livre ou deux atterrissaient entre les mains d'une personne qui saurait les apprécier. Je m'étais souvenu de certains écrivains africains que Morayo avait mentionnés mais je n'en avais trouvé aucun. J'avais cherché quelque chose de différent ; il y avait de nombreux Agatha Christie – ils avaient réveillé des souvenirs d'enfance agréables, mais ils n'étaient pas, je le savais, assez bons pour une femme aussi sophistiquée que Morayo, professeur de littérature. Une biographie sur Mère Teresa a attiré mon attention. Pearl aurait aimé, par contre j'ignorais ce que Morayo pensait des biographies. Sans compter que le livre pouvait être déprimant. Peu importait mon choix, il fallait que ce soit inspirant et littéraire de préférence, un prix Nobel par exemple. C'est là que j'ai remarqué *Rien que la vie*, des nouvelles écrites par Alice Munro. Là j'ai su que j'avais mis dans le mille. C'était un recueil récent, Morayo ne l'avait sans doute pas encore. Et même si c'était le cas, elle approuverait mon choix. J'avais donc pris le livre et je l'avais rangé chez Pearl, dans un tiroir de sa table de chevet.

Je viens d'aller le récupérer. Je toque à la porte de Morayo. Pas de réponse. J'essaye encore.

« Il y a quelqu'un ? » Rien. J'ai envie de laisser le livre devant sa chambre. Je n'ai pas pensé à prendre une carte, comment saura-t-elle que c'est moi ? Il n'est que huit heures, une heure décente, alors je pousse la porte. La chambre est plongée dans le silence et, sur la droite, la porte de la salle de bains est entrouverte. Les lumières sont éteintes et je m'apprête à partir quand je jette un coup d'œil par l'entrebâillement. Nous sursautons tous les deux, surpris, quand Morayo, de toute évidence sous le choc, se met à hurler à pleins poumons. Le personnel débarque en courant et la chambre se remplit soudain.

« Que se passe-t-il ? demande un employé d'un ton accusateur.

— Je ne sais pas, vraiment. Je n'ai rien fait. »

Plus tard, Morayo vient me voir, elle frappe doucement à la porte de Pearl.

« Je suis navrée », dit-elle.

Elle tient un livre dans ses mains, ce n'est pas celui que je lui ai apporté.

« Ce n'est rien. »

Que puis-je lui répondre d'autre ? La situation est déjà assez bizarre comme ça, avec Pearl qui essaye de dormir et nous deux qui chuchotons dans le couloir.

« Je sais que je vous ai blessé, reprend Morayo en soutenant mon regard. Je suis désolée, vraiment. Je ne voulais pas faire d'esclandre. Il n'y avait aucune raison, je le sais, mais j'aimerais vous expliquer.

— Vous n'êtes pas obligée. »

Morayo insiste :

« Vous vous souvenez l'autre jour, j'ai lu des notes que j'avais écrites dans ce livre ?

— Je ne vois pas.

— Mais si vous savez, quand on a dîné ensemble, le premier soir. J'en ai lu quelques lignes à Pearl ?

— Ah oui ! Ça me revient maintenant.

— Eh bien, j'ai sauté quelques passages. Alors tenez, dit-elle en me tendant le livre. J'aimerais que vous les lisiez, c'est plus facile pour moi de le partager de cette façon. »

J'hésite.

« Vous avez raison, dit-elle en reprenant le bouquin, les yeux baissés alors qu'elle le laisse pendre au bout de sa main. Je devrais juste vous le raconter. »

Elle serre le livre contre sa poitrine :

« Il y a des années, reprend-elle en levant les yeux sur moi, quelqu'un, un voisin, a sonné à ma porte. »

Elle s'interrompt sans détourner le regard.

« Je ne me doutais de rien. Je lui faisais confiance et je l'ai laissé entrer. Mais je n'aurais pas dû… Vous comprenez maintenant ?

— Je suis terriblement désolé. Vraiment.

— Ce n'est rien, dit-elle en pivotant sur ses talons.

— Morayo ! »

Elle s'arrête et tourne la tête vers moi.

« Vous permettez ? Si cela ne vous ennuie pas, je peux quand même lire ce que vous avez écrit ? »

Je commence à lire en attendant l'autobus. « Ton corps, assis à ton bureau, ta tête reposant entre tes mains, tu réfléchis. Des livres sur ton bureau, des crayons enfoncés dans ton épaisse chevelure afro. Tes doigts pianotent doucement sur le clavier. Ils se souviennent. Ton corps secoué par d'incontrôlables spasmes, détruit par les souvenirs de ta mère flottant dans un bain de sang. » *Mon Dieu !* Je m'interromps, avant de relire ces lignes et les suivantes : « Ton corps sur le siège des toilettes, les bras passés autour des genoux. Il se souvient de tes règles et des gouttes qui formaient des cercles rouges dans l'eau. Ton corps constipé. Ta mère te disant : "À l'accouchement, ce sera pareil." Ton corps qui ne soupçonne rien quand tu ouvres la porte à ton voisin. Ton corps qui se débat. Qui se démène dans tous les sens. Qu'on malmène. Ton corps à l'hôpital, exposé et humilié. Ton corps secoué de spasmes incontrôlables, détruit par les souvenirs. »

Je murmure : « Je suis désolé, je suis désolé. »

Le soir dans mon lit, je chuchote « Ton corps... » et je retrouve des souvenirs de mon enfance. De mon corps de treize ans, à Georgetown, au Guyana, découvrant le corps des filles. Mon corps qui apprend à la dure qu'on ne doit pas tomber amoureux de la fille du gouverneur, même si l'on se sent proche de la famille. Mon corps s'est entendu dire par le gouverneur que j'étais un coolie, que je ne devais plus jamais, jamais, oser poser les yeux sur sa fille. Parce que Rose est blanche et que moi, mon corps n'est pas blanc. Comme j'étais fier et que j'avais besoin de sauver la face, mon corps, en guise de protestation, était allé dans cette partie de la ville connue comme le « nigger yard » pour prouver à mes amis que j'en avais fini avec la fille du gouverneur ; que je m'en fichais complètement. Par-dessus tout, mon corps en se rendant là-bas voulait que Rose soit jalouse. Des années plus tard, mon corps, qui n'a rien oublié, me rappelle de ne pas tomber amoureux d'une femme blanche. C'est alors que je rencontre Pearl et, bien sûr, qu'est-ce que j'ai fait ? Mon corps aurait dû savoir. Il aurait dû savoir que les enfants de Pearl soupçonneraient cet homme noir peu fortuné qui voulait épouser leur mère. Je n'aurais pas dû m'étonner qu'ils désavouent leur mère à cause de moi. Et c'était de ça que mon corps s'était souvenu si clairement, l'autre jour, quand le vieux s'était mis à fulminer. Mon corps savait qu'en évoquant sa peur pour ses petites-filles, cet homme parlait de mon corps de la même façon que l'homme blanc parle du corps de l'homme noir depuis des millénaires. Comme d'une menace. Comme d'un violeur. Alors tout à l'heure, quand la seule femme noire de la Résidence a reculé, paniquée, devant moi, mon corps s'est senti écrasé et humilié une fois de plus. Mais mon corps la comprend maintenant.

« Je comprends, Morayo, vraiment. »

19

Pendant plusieurs jours, nous avons cherché à savoir, Reggie et moi, ce qui était arrivé à Toussaint. D'une certaine façon, en nous inquiétant pour lui, le sentiment de gêne qui planait encore entre nous a disparu. Aucune nouvelle de Toussaint. Le chef habituel est revenu et la vie à La Bonne Vie a repris son cours, aussi normal qu'il pouvait l'être dans ce genre d'endroit. Quand j'ai appris que je pouvais enfin partir, j'ai donné mon numéro de téléphone à Reggie et il m'a laissé le sien. Nous nous sommes promis de rester en contact.

J'étais soulagée de rentrer chez moi, même si j'avais peur de ce que je risquais de trouver. Sunshine et un ergothérapeute m'ont accompagnée. Ce dernier doit vérifier que je peux vivre seule sans danger. Donc je me suis armée de courage parce que les deux allaient m'observer de près, je le savais.

La première chose que j'ai vérifiée, ce sont mes livres. Je craignais ce moment, et il m'a suffi d'un simple coup d'œil pour que, le cœur serré, je mesure l'étendue des dégâts. Les seuls ouvrages visibles se trouvaient si bien rangés sur les rayonnages qu'on aurait pu croire à une mise en scène, comme si on s'apprêtait à vendre mon appartement. Sunshine m'aurait-elle caché ça aussi ? Mon pouls s'est accéléré. On avait placé des objets décoratifs, un vase ici, une photo là, dans les espaces vides entre les livres. Les titres étaient classés par ordre de taille : les gros livres de cuisine à côté des dictionnaires et les minces volumes de poésie nichés entre les livres pour enfants. Sunshine, qui m'observait, m'a demandé si ça allait. « Ça va », ai-je répondu en me mordant les lèvres. Ils m'ont laissée seule pour aller inspecter la salle de bains où ils comptaient placer des barres d'appui et autres dispositifs de sécurité, et j'en ai profité pour attraper les clés de la voiture qui se trouvaient sur le comptoir de la cuisine et décamper. Dans le hall, j'ai croisé Li Wei qui m'a donné une énorme pile de courrier. Il ne savait pas que j'avais été absente et, tout en fouillant dans son sac postal au cas où j'aurais d'autres lettres, il m'a annoncé que son fils était maintenant docteur.

« Comme vous ! s'est-il exclamé, avant de remarquer mes larmes. Que se passe-t-il ? » s'est-il aussitôt inquiété.

Mais je ne voulais pas qu'il me voie pleurer, alors je lui ai fait au revoir de la main en m'excusant, et j'ai filé.

Je me suis assise un petit moment dans la voiture en laissant les larmes couler sur mes joues. J'étais heureuse d'être rentrée, bien sûr. J'étais même heureuse de trouver mon appartement si bien rangé, malgré les livres qui avaient disparu. Mais c'était le vide qui m'effrayait, accru par ces nombreuses cartes et lettres, plus que je n'en avais reçu depuis des années, expédiées de France, d'Inde, du Nigeria, par des amis dont j'avais cru que je n'entendrais plus parler. J'entendais la voix de mon père : « Regarde ce que ton soixante-quinzième anniversaire t'a apporté ! C'est magique ! Regarde comme tu as de la chance, Morayo ! » Mais tous mes amis étaient si loin. Trop loin pour partager ma vie quotidienne. Quant à mes amis sur l'étagère, j'avais beau les aimer, ils n'étaient pas réels, eux non plus. J'ai passé la première et j'ai démarré, sans savoir où j'allais, je savais juste que je devais dégager et en vitesse. En allumant la radio, je suis tombée sur la chanson des Bee Gees « Stayin' Alive ». J'ai monté le volume et j'ai baissé la vitre. Je savais que je ne réussirais pas le prochain examen de conduite, mais je voulais vivre « *Stayin' alive, stayin' alive. Ha, ha, ha, ha, stayin' alive.* » J'ai pris Oak Street en direction de l'autoroute. Vers l'aéroport peut-être. Je voulais foncer. Les yeux fermés, sentir le vent fouetter mon visage et foncer, foncer, foncer. Plus jeune, j'avais souvent rêvé d'aller si vite que je perdais le contrôle. Je percutais quelque chose de très dur, un mur de brique ou un camion blindé, la force de l'impact me tuait sur le coup. J'avais rêvé d'une fin brutale à ce qui n'était qu'une illusion de mariage et, plus tard, à la difficulté de vivre seule en essayant de joindre les deux bouts avec un maigre salaire de professeur. Plongée dans ces idées noires, familières et destructrices, j'ai soudain remarqué la jeune SDF. C'est peut-être d'ailleurs son sac à dos que j'ai repéré le premier ou son chien avant de reconnaître sa silhouette, ses bras minces, sa tête baissée. J'ai ralenti et fait demi-tour un peu plus loin pour revenir à l'endroit où elle était assise, au bord de la chaussée. Une fois garée, je suis allée la voir.

« Ça va ? » lui ai-je demandé.

20

J'ai pas pu répondre tout de suite quand elle m'a demandé si ça allait, parce que j'ai failli en chialer. Qu'on me remarque, qu'on s'arrête, qu'on gare sa voiture et qu'on vienne me demander si ça va, franchement, je m'y attendais pas.

Un, j'ai eu mes règles aujourd'hui. Deux, la fourrière a embarqué ma voiture. Et trois, je suis amoureuse. Mais je vais pas lui raconter ça, à cette femme. Je veux dire, c'est sûrement une bonne Samaritaine, mais je la connais ni d'Ève ni d'Adam. Et elle a les yeux très rouges. Je pense qu'elle aussi elle a pleuré. Du coup, je lui parle seulement de mon papa. Que ça fait deux ans qu'il est parti et que c'est son anniversaire, comme à Jerry Garcia. Et là je dis qu'ils sont tous les deux au paradis ensemble et que mon père apprend à Jerry à s'améliorer au golf et que Jerry et mon papa jouent de la musique ensemble parce que mon père, il savait c'que c'était un Deadhead. J'éclate de rire, l'image de mon père et de Jerry, ben moi, ça me rend heureuse. Ça la fait rire, elle aussi. Je veux dire, tout est relatif, quoi.

Et s'il y a des nanas qui pensent qu'elles s'en sortent mieux que moi parce qu'elles ont un musicien pour mari ou petit ami, tant mieux pour elles. Moi je dis qu'à la fin de la journée, on doit tous se poser la même question : qu'est-ce que j'ai fait pour moi ? Chacun de nous a un voyage à faire, du genre, partir faire une retraite quelque part, seul, fouiller dans son âme à la recherche de son moi, ou bien être capable de partir n'importe où en solitaire. Moi, je me suis prouvé « yogiquement » que j'en étais capable. Non, je lui réponds, je n'ai pas de maison, mais je me débrouille. J'ai une voiture (enfin, pas vraiment à cause de cette histoire de fourrière) mais, normalement, j'en ai une. Et c'est gentil à elle de m'offrir sa caisse. Je ne suis pas sûre qu'elle veuille vraiment dire ça, mais, de toute façon, sa voiture ne serait pas assez grande pour moi, pas avec tous mes trucs.

Est-ce que je me sens à l'abri ? En tant que femme ? En fait, je n'y pense pas, je lui dis. J'évite ce genre de réflexion, ça attire les mauvaises ondes. Je sais que je suis entourée de beaucoup d'amour. Il y en a beaucoup des comme moi dans la rue, on prend soin les uns des autres, j'entends des « T'en fais pas », des trucs du style. Je l'entends à travers les arbres, on a de bonnes relations et ils sont animés, ils ont un pouls. Toutes les choses vivantes ont un pouls, donc, non, je n'ai pas peur. Non. Les vibrations, ça existe. J'ai des frères et sœurs qui sont plus proches de moi que ma propre famille.

Tu comprends ? Sans combat, pas de progrès. C'est ça, ma nouvelle devise. Je vis dans l'instant présent. Je sais que je veux refaire du yoga, mais je veux pas aller dans ces cours où tout le monde est tiré à quatre épingles. Ça n'a plus rien à voir. J'appartiens au Y mais je vais pas à ce genre de cours. Je fais mes étirements et tout ça. J'apprends à lâcher prise.

J'ai l'impression qu'elle aime bien ce que je lui raconte parce qu'elle me dit que je suis une inspiration et qu'elle aussi, elle essaye de lâcher prise. Elle me demande ce que je suis en train de lire et sourit en voyant mon livre sur l'Afrique. Elle dit qu'elle connaît bien sa propriétaire, genre elles étaient amies ou je sais pas quoi, alors je lui explique comment j'ai dégoté ce fichu truc au cas où elle croirait que je l'ai pris sans demander la permission. Elle me dit qu'elle était prof de littérature, peut-être qu'elle veut que je reprenne mes études. Moi, c'que je veux vraiment, c'est me marier, tu vois. Trouver un mec bien. Et elle m'écoute, mais vraiment, tu vois, et je suis à deux doigts de lui demander si elle serait pas ma grand-mère, genre ma grand-mère spirituelle, parce qu'elle est si calme que, rien qu'à lui parler, je me sens mieux. Après, elle me pose des questions sur mes tatouages.

Qu'est-ce que vous voulez savoir ? je lui demande. Bon, celui-là, c'est un truc de yoga, je le trouvais très beau et les lettres me parlaient beaucoup. Alors quand mon père est mort, j'ai dit comme ça : Papa, je le fais où ? Et là, d'un coup, ma main s'est posée sur ma cheville et c'était parfait. Il faut faire attention aux signes, parce qu'ils sont partout. C'est simple. Celui-là, c'est à cause du Zen que j'adore et que je veux pratiquer plus. Celui-ci, c'est du chinois, ça signifie : « Le meilleur est à venir. » C'est une chanson que mon père adorait. Ça, c'est mon deuxième prénom, Rachel, qui veut dire « petit agneau » en hébreu ; il est à côté d'une lionne parce que je me vois aussi comme une lionne. Celui-là je l'ai volé à Angelina Jolie, c'est un tribal. Ouais, j'ai copié. C'est une marque de vêtement, Free People. Ça c'est un collier et ça, sur mon poignet, une écharpe. Des vêtements, ouais. J'adore la mode. Pas la mode-mode, mais mettre des trucs sympas ensemble. Comme toi, je lui dis, parce que j'adore toutes ses couleurs et le turban. Elle me dit qu'elle a des tas de tissus d'Afrique. On monte une affaire de prêt-à-porter ensemble ? Bien sûr, je lui dis, j'adorerais ça. Je lui donne mon numéro, elle me file le sien, et elle fourre le papier dans son soutien-gorge et ça me plaît, alors je fais pareil.

21

« Alors, Poussin, c'est toi ma lionne, n'est-ce pas ? dis-je en pensant au tatouage de la jeune femme et en caressant le levier de vitesses. J'aurais peut-être dû t'appeler Lionne. » Je passe la seconde pour l'entendre rugir. Poussin, c'est comme ça que m'appelait ma maman, je vous l'ai déjà dit ? Je suis désormais deux fois plus vieille qu'elle. Mais on a bien vieilli, toi et moi, pas vrai, Poussin ? Tu avais quelque chose d'un peu extravagant quand je t'ai achetée, mais maintenant plus personne ne fait attention à nous. Et tu n'as rien d'une vieillerie par rapport à moi. Mais attends un peu, quand les voitures sans chauffeur débarqueront, toi aussi tu prendras un coup de vieux. Que dis-tu de ça ? Libre, enfin libre ?

Bon, on va où, Poussin ? On roule vers le soleil couchant ou bien on fait demi-tour et on va voir M. Reggie ? Bientôt je ne pourrai plus conduire, tu sais. Du moins c'est ce qu'affirme le SVA. Que dirais-tu d'avoir un nouveau propriétaire ? Reggie pourrait se révéler un meilleur conducteur que moi.

Il a certainement une meilleure vue, lui, il n'éraflera pas tes jantes en se garant. Qu'en dis-tu ? Tu penses qu'il nous attend assis sur son petit banc ? Il en ferait une drôle de tête si on débarquait là, tout de suite.

« La Résidence vous manque déjà ? me demandera-t-il.

— Non, mais vous me manquiez, Pearl et vous. Bella aussi. Mais vous surtout. »

Je lui dirai peut-être que j'ai rêvé de lui : on dansait une bossa-nova dans le Ferry Building et on goûtait des pêches Frog Hollow et des tomates Early Girl au marché fermier ; ensuite il nous achetait une glace à chacun, un cône entouré d'une serviette en papier, et on s'asseyait pour profiter du soleil de l'après-midi et de notre douceur glacée. Je léchais sur mes doigts les gouttes de miel de lavande et de caramel salé. Pearl, qui avait renversé sa glace pour voir ce qui se passerait, croquait, toute contente, son cône vide. Et je lui dirai que mon rêve voyageait et que j'étais de retour à Lagos avec toi, Poussin. Nous emmenions Toussaint pour son premier retour dans sa mère patrie. On quittait l'aéroport pour aller chez cousin Remi et on se perdait en route. Je n'arrêtais pas de tourner en rond quand un passant se penchait par la vitre ouverte et me disait que j'étais devenue aveugle. Mais je ne deviens pas aveugle, n'est-ce pas, Poussin ? « Allez, bébé, on peut l'avoir, ce feu rouge ! » Je rétrograde en troisième et je t'entends rugir. « Bien, ma lionne. » Je souris en regardant dans le rétroviseur les voitures qu'on a semées. « Un, deux, trois, quatre », dis-je en riant. On va bien s'amuser en route, je le sens dans mes os. « Allez, bébé, il faut qu'on ait le prochain feu ! Viens, on va doubler ce lambin devant nous. Allez, ma petite, donne-moi tout ce que tu as dans le ventre. » J'accélère, je me redresse de toute ma hauteur et, dans un rugissement, nous partons.

MIXTE
Papier issu de
sources responsables
FSC® C003309
FSC
www.fsc.org

10/18, une marque d'Univers Poche,
est un éditeur qui s'engage pour
la préservation de l'environnement
et qui utilise du papier fabriqué à partir
de bois provenant de forêts gérées
de manière responsable.

Imprimé en France par CPI

N° d'impression : 3031979
X07359/01